DBV
DON BOSCO
VERLAG

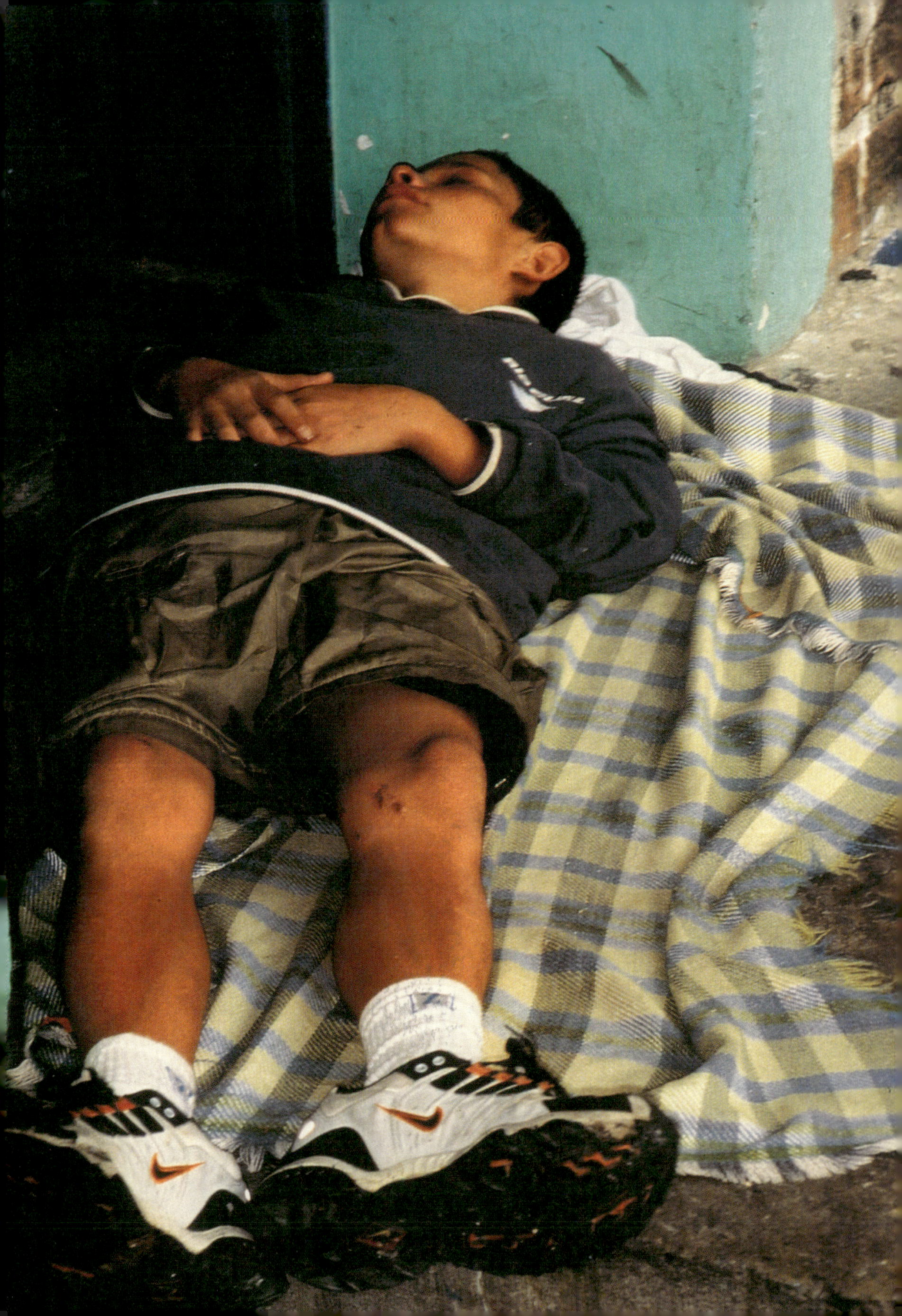

Hartwig Weber
und
Sor Sara Sierra Jaramillo

Narben auf meiner Haut

Straßenkinder fotografieren sich selbst

Don Bosco

e verlags gruppe engagement

ISBN 3-7698-1439-8
Lizenzausgabe Don Bosco Verlag, München 2004

Lektorat: Katrin Seeliger
Gestaltung und Herstellung: Thomas Pradel, Frankfurt am Main
Satz: Dörlemann Satz, Lemförde
Schrift: Stone Sans BQ
Litho: RGD, Langen
Druck: Druckhaus Beltz, Hemsbach

Bibliografische Information Der Deutschen Bibliothek
Die Deutsche Bibliothek verzeichnet diese Publikation in der Deutschen Nationalbibliografie; detaillierte bibliografische Daten sind im Internet über http://dnb.ddb.de abrufbar.

Inhalt

Fotografieren sich selbst – Die Sprache ihrer Bilder

Auf den Straßen der südamerikanischen Millionenstädte sind viele Kinder und Jugendliche beständiger Todesgefahr, brutaler Gewalt und Entbehrung ausgesetzt. Wie sie dort überleben können, ist Außenstehenden meist unbegreiflich. Die Einwohner der Stadt, zumal die wohlhabenden unter ihnen, wollen in der Regel nichts mit Straßenkindern zu tun haben. Sie sind ihnen ein Dorn im Auge, stören nur die Ordnung und stellen für sie ein beständiges Sicherheitsrisiko dar. Am liebsten sähen sie es, wenn diese »Wilden« vertrieben oder auf andere Art beseitigt würden. Dabei unterscheiden sich die jungen Straßenbewohner nur unwesentlich von ihren »normalen« Altersgenossen. Sie haben ähnliche Vorstellungen, Wünsche, Ängste und Hoffnungen. Meist sind sie ohne eigene Schuld in ihre missliche Lage geraten und müssen gegen Bedrohungen ankämpfen, die sie selbst gar nicht zu verantworten haben. Dabei entwickeln sie außergewöhnliche Fähigkeiten, Stärken, Kreativität und oft mehr Lebensgeschick, ihren Alltag zu meistern, als gleichaltrige Kinder und Jugendliche aus bürgerlichen Lebensverhältnissen.

S. 10 ff.: Marcela und Erica. Aufwachen im Barrio Triste

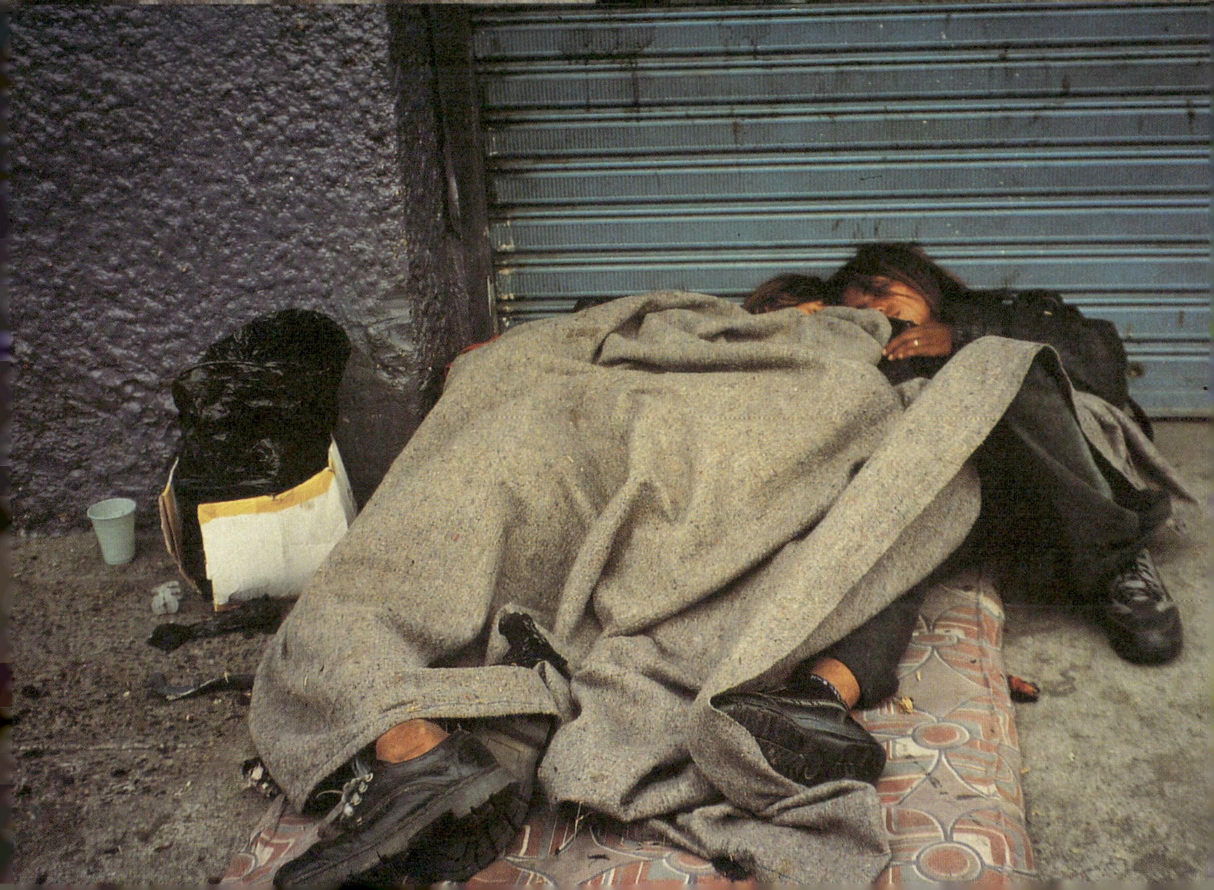

A
X

S. 17: Doris. Die Lust, sich in Pose zu werfen

Einen Zugang zur Welt dieser Kinder zu finden, fällt nicht immer leicht. Man muss viel Zeit mit ihnen verbringen, um sie zu verstehen und einen Einblick in ihr Leben auf der Straße zu gewinnen. Vielleicht können uns dabei aber auch Fotos behilflich sein, zumal wenn sie von diesen Kindern und Jugendlichen selbst aufgenommen worden sind.

Aus diesem Grund haben wir im Frühjahr 2002 Straßenkinder, die sich im Zentrum der kolumbianischen Millionenstadt Medellín herumtrieben, gebeten, mit selbst aufgenommenen Fotos über sich zu berichten. Die Jugendlichen El Gurre und La Mona, Gorras und Piccatchu, El Coste und ihre ganze *parche*[1], die unter einer Brücke über dem Rio Medellín hausen, waren, als wir sie zum ersten Mal trafen, sofort bereit, sich an einem solchen Fotoprojekt zu beteiligen. Schnell schlossen sich weitere an, wie die Straßenkinder vom Treffpunkt Patio Don Bosco und andere, denen wir unterwegs in der Stadt begegneten. Wir drückten ihnen Einwegkameras in die Hand und stellten ihnen in Aussicht, später ihre Bilder öffentlich auszustellen. Dieses Angebot sprach sich schnell herum. Jeder wollte mindestens einen, am liebsten gleich mehrere Apparate haben. Unsere Befürchtung, dass sie diese für ein paar Hundert Pesos an der nächsten Straßenecke verhökern würden, bestätigte sich erstaunlicherweise nicht. Zu verlockend war die Aussicht für sie, eigene Fotos in den Händen zu halten. Spätestens am übernächsten Tag brachten die meisten die Kameras zurück – leer geknipst.

Authentischer als schriftliche Berichte vermögen Fotos eine unmittelbare Vorstellung über die Welt anderer Menschen zu vermitteln. Zumal wenn diese Bilder von den Betroffenen selbst aufgenommen worden sind. Sie sind differenzierter, einfacher herzustellen und drücken direkter als Texte Stimmungen und Gefühle aus. Während Schriftliches den Blick auf Vorgedachtes lenkt, lassen Fotos, im Gegensatz dazu, vieles offen. Jeder Betrachter kann sich seinen Teil selber dazu denken.

Wahrscheinlich hatte keines der am Projekt beteiligten Kinder und Jugendlichen jemals zuvor eine Kamera in den Händen gehalten, und die wenigs-

1 Gruppe, Bande von Straßenkindern

ten werden sich schon einmal auf einem Foto betrachtet haben. Gerade das aber hat ihr Interesse beflügelt. Die Einweisung in die Handhabung der Kameras ging sehr rasch. Die Kinder mussten auch nicht lange nach möglichen Motiven Ausschau halten. Was sie am liebsten fotografierten, waren sie selbst. Sich in Pose zu werfen, abzulichten und sich später lange und ausgiebig zu betrachten, das bereitete ihnen großes Vergnügen. So entstanden die hier vorgestellten Bilder – Fotos, die ihre je eigenen Geschichten erzählen. Sie zeigen, was Straßenkinder von sich preisgeben wollen, aber auch was sie lieber für sich behielten. Dabei haben die jungen Fotografen ihre Umgebung nicht einfach abgelichtet, ihre Wirklichkeit nicht nur fotografisch multipliziert. Vielmehr wählten sie ganz bestimmte Ausschnitte aus ihrer Welt. Deshalb sind die Fotos nicht eigentlich »objektiv«, aber authentisch: ungestellt, integer, ohne künstliches Pathos, eben Ergebnisse ihrer Innensicht.

Neben den Fotos der Straßenkinder, die in diesem Buch durch den schwarzen Hintergrund besonders hervorgehoben werden, stehen Aufnahmen der Autoren dieses Buches. Sie sind gleichsam Kommentar und Außensicht der Betrachter.

Bei den Bildern der Kinder fallen der Standpunkt der Fotografen und der Standpunkt der Abgebildeten zusammen: Das betrachtete und das betrachtende Subjekt sind eins. Was dabei sichtbar wird, ist ein Teil der Wirklichkeit, des Charakters und der Gemütszustände der Protagonisten. Die Straßenkinder gehören ja selbst zum Milieu, das sie vorstellen. Was sie zeigen, kennen sie auch. Sie wissen Bescheid über jedes abgelichtete Detail, jede einzelne Situation. In der Auswahl ihrer Motive spiegelt sich die eigene Sichtweise der Kinder und Jugendlichen wider. Damit verleihen sie vermeintlich Nebensächlichem ihre persönliche Bedeutung. Ihre Fotos sind also der Versuch, ihre eigene Welt zu deuten.

Offensichtlich lag es ihnen fern, Bilder von Elend und katastrophalen Zuständen zu produzieren. Ihre Fotos zeugen nicht von Selbstmitleid, sie wollen auch nicht das Mitleid anderer erregen. Moralische Aufrufe oder fotografische Schockappelle sind nicht ihre Absicht. Fern jeder Ästhetik der Gewalt, die einen Außenstehenden beim Anblick nur erstarren lässt, versagen sie dem Betrachter das sensationslüsterne Hinstarren auf fremdes

Jhoan Alexander

JUAN
Robinson gonzalez
chupa dedo
Diego A. Vasquez
Jorge Andres lozano
Jorge Andres

Elend. Ihre Bilder zeigen nichts von jenem Grauen, das letztlich nur Ohnmachtsgefühle weckt und höchstens das Bedürfnis befriedigt, im Gegenbild des Anderen sich seiner eigenen Normalität zu versichern.

Zweifelsohne haben die Straßenkinder die Bilder nicht für uns, sondern für sich aufgenommen. Sie hatten nur sich selbst als spätere Betrachter im Auge. Dass sich Fremde einmal für ihre Aufnahmen interessieren könnten und wir ein halbes Jahr später eine Ausstellung organisieren würden, hat sie kaum interessiert. Sie wollten nur die einmalige Gelegenheit nutzen, sich selber zu fotografieren. Das Ergebnis sind außergewöhnliche Amateuraufnahmen, Erzählungen in eindringlichen Bildern.

Tatsächlich legen die Fotos der Straßenkinder eine auffallende Zurückhaltung an den Tag, eine große Scheu gegenüber dem Gebrauch und dem Zeigen des Auffälligen. Lieber präsentieren sie eine Normalität, die sie angesichts extrem unnormaler Zustände mit viel Mühe herzustellen und notdürftig aufrechtzuerhalten versuchen. Das durchgängige Thema ihrer Fotos ist der Triumph des bloßen Überlebens, ungeachtet aller Misslichkeiten und

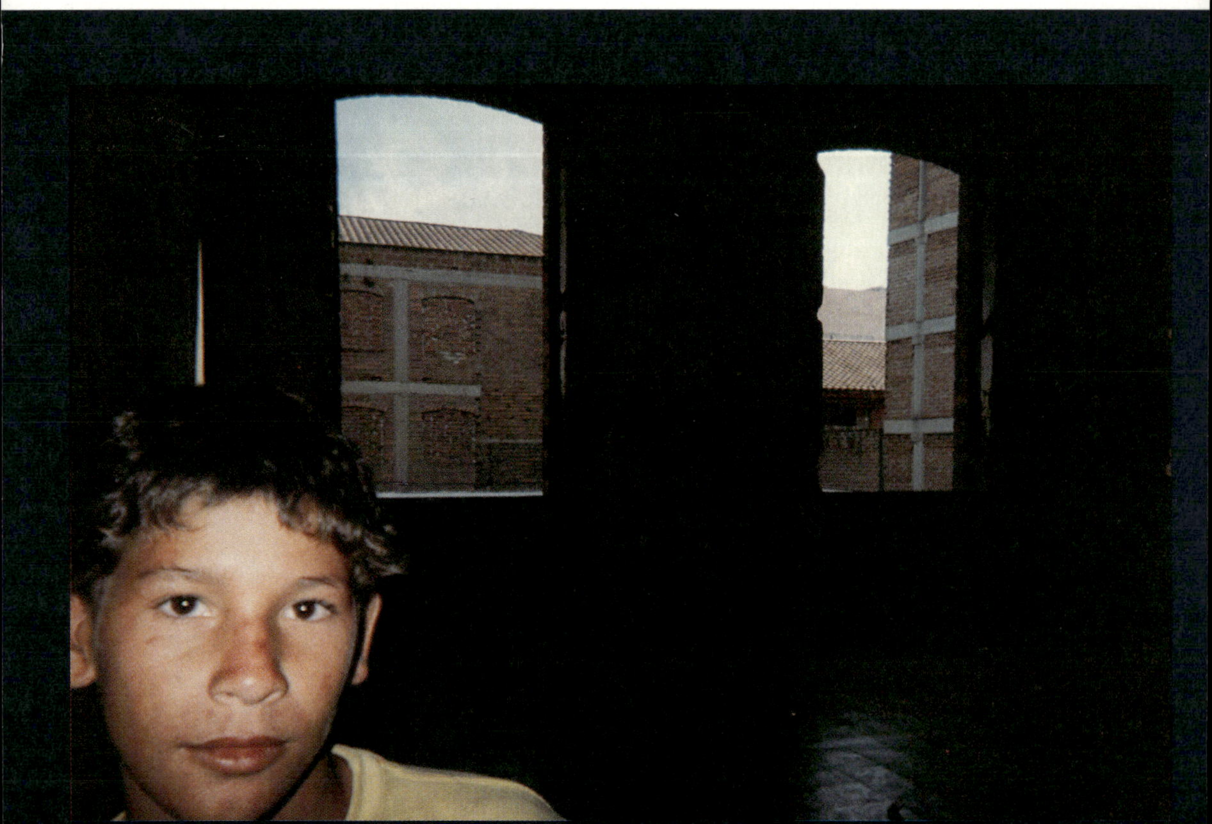

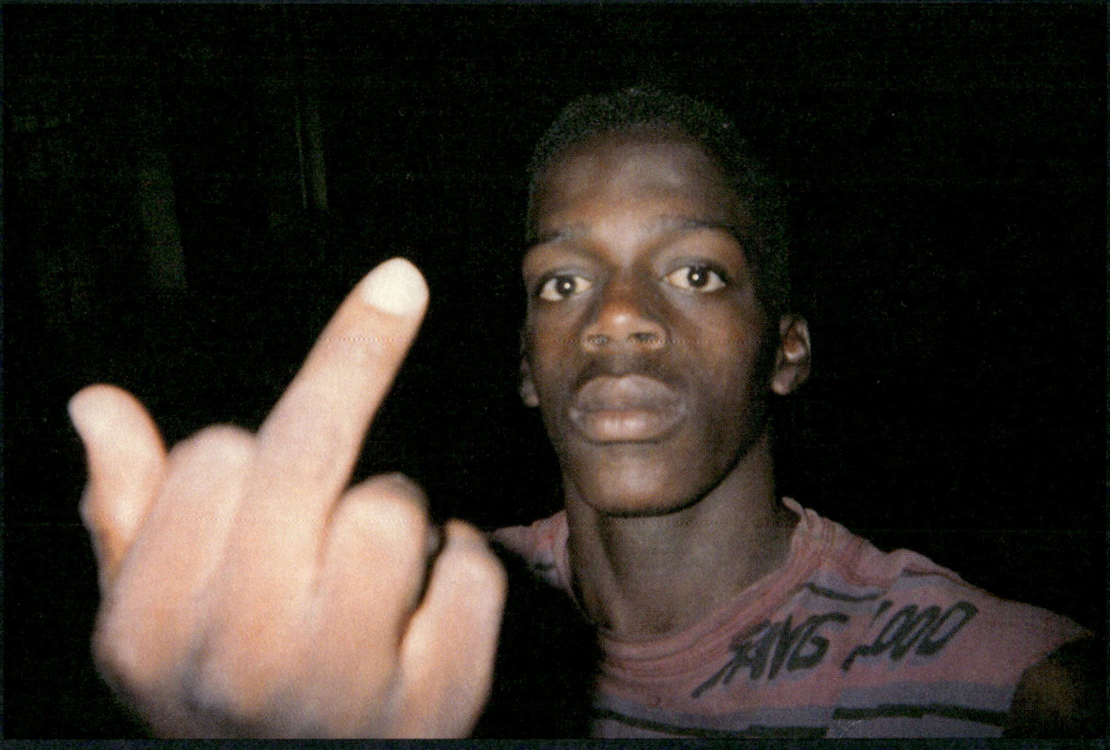

INTEREC

Einschränkungen. Straßenkinder zeigen gerade nicht, was nicht möglich ist und was sie nicht können, sondern das, was ihnen trotz allem gelingt. Ihr Verlangen ist auf eine von ihrer Umgebung kopierte »Bürgerlichkeit« gerichtet. Trotz der chaotischen Verhältnisse und der täglichen Ungewissheit ihrer Zukunft wollen sie Ordnung halten. Aus diesem Grunde zeigen sie sich selbst, ihre wenigen Habseligkeiten und ihren intimen Wohnraum so gepflegt und anziehend wie möglich.

Viele hatten sich wechselseitig fotografiert, an eine Wand gelehnt, wenn möglich an einem markanten Ort, neben Freunden, hinter sich ein üppiges Schaufenster, ein schnelles Motorrad, ein schönes Auto. So lassen die Aufnahmen den fotografischen Akt vor Augen treten, der sie hervorgebracht hat. Sobald die Kinder das Objektiv einer Kamera auf sich gerichtet fühlten, nahmen sie Haltung an, in immer gleicher Pose. Steif und unbeweglich wurden sie zu der Figur, die ihrer Vorstellung von sich selbst am ehesten entsprach, und so entstanden serienweise Fotos in Frontalansicht, etwas maskenhaft, uniform und »unnatürlich«. Der Blick der Abgebildeten scheint auf den Betrachter gerichtet, der etwas enttäuscht ist, würde er doch lieber die Abgebildeten und ihre Situation gleichsam ungestört in Augenschein nehmen.

Tatsächlich scheint es nur so, als blickten die Kinder auf dem Bild direkt dem Betrachter in die Augen. Sie sind, in Wirklichkeit, ganz mit sich selbst beschäftigt. Ihre Konzentration ist darauf gerichtet, von innen heraus auf das äußere Umfeld so einzuwirken, dass das Foto mit dem Selbstbild übereinstimmt. Noch bevor die Kamera betätigt wird, haben sich die Fotografierten bereits in jenes Objekt verwandelt, als das sie erscheinen möchten. Sie sind, ehe das Foto »geschossen« wird, innerlich schon zum Wunschbild geworden – sie setzen sich somit selbst voraus. Später werden sie ihr Produkt ausgiebig begutachten und, wenn es dem erwarteten Ergebnis entspricht, stolz präsentieren.

Nehmen wir Marcela als Beispiel, wie sie mit kesser Figur in der Mauernische als verführerische Madonna posiert. Ihr Auftritt vor der Kamera vereint Anblick und Wirkung. Geschmack, Haltung, Kleider, d. h. ihre Erscheinung und ihre Persönlichkeit, sind eins. Blick und Haltung gelten – wie unschwer fest-

zustellen ist – dem männlichen Betrachter, ein kalkulierter Reiz. Ehe sie zum Objekt des Fotos wird, hat sie sich bereits ins eigene Wunschbild verwandelt. Dabei spielt sie das Spiel der Frauen, deren Erfolg davon abhängt, wie sie sich darstellen.[2] Sie antizipiert den auf sich gerichteten Blick, indem sie ihm bestätigend zuvorkommt und sich dabei an das übliche Muster ihres Geschlechts hält. Verführerisch fängt Marcela den Blick des Fotografen ein, der in diesem Fall ihr eigener Liebhaber ist und dem sie in dieser Pose zeigt, was mit ihr alles möglich sein könnte.

S. 24: Marcela, verführerische Madonna

Als wir Marcela im April 2002 einluden, mit eigenen Aufnahmen an einer Ausstellung ein halbes Jahr später teilzunehmen, reagierte sie sehr verständnislos. Wie sollte sie sich mit etwas beschäftigen, das erst fünf oder sechs Monate später eintreten würde? Unser Plan überforderte ihr zeitliches Vorstellungsvermögen. Ein halbes Jahr im Voraus zu denken, schien ihr unmöglich. Es widersprach ihrem Wirklichkeitssinn. Wie realistisch jedoch ihre Auffassung war, zeigten die späteren Ereignisse: Das Land wurde von bürgerkriegsähnlichen Ausschreitungen, Terroranschlägen und Entführungen heimgesucht, und Woche für Woche gab es neue Vertreibungen. Dies veränderte auch die Situation der Straßenbewohner.

Im Juli 2002 verteilten Todesschwadronen, die sich die *»limpieza social«*[3] Medellíns aufs Panier geschrieben haben, überall Flugblätter, auf denen sie die Kinder und Jugendlichen der Straße aufforderten, sofort die Stadt zu verlassen, andernfalls würden sie mit Gewalt beseitigt. Im Nu waren alle Angesprochenen verschwunden, wie vom Erdboden verschluckt. Die *parche* unter der Brücke löste sich auf; auch Marcela musste Hals über Kopf fliehen. Niemand wusste, wohin Nena, El Gurre, Palillo und die anderen Jugendlichen gegangen waren. Wenige Tage danach hörten wir, dass sie angeblich Gorras getötet hätten und Marcela sich in einem Randviertel der Stadt versteckt halte. Eine Woche später erfuhren wir, dass Gorras doch am Leben sei, wenn auch schwer verwundet.

---

2 Vgl. John Berger u.a.: Sehen. Das Bild der Welt in der Bilderwelt, Reinbek 2000.

3 Bezeichnung für »soziale Säuberung«

S. 27 (OBEN): HAUSALTAR UNTER DER BRÜCKE

S. 27 (UNTEN): EL GURRE. HAUSMUSIK IM *CAMBUCHE*

Ihr eigener Wirklichkeitssinn sagt Straßenkindern, dass sie ständig mit dem Tod rechnen müssen. Vor diesem Hintergrund unterscheiden sie zwischen Dingen, die sie interessieren, und solchen, die ihnen gleichgültig sind – zum Beispiel eine Fotoausstellung. Mit Fotos in ihrem Besitz ist das anders. Das andauernde Gefühl der Bedrohung und der Ungewissheit verstärkt bei den Straßenbewohnern den Wunsch, eigene Bilder zu besitzen. Fotos bedeuten ein Stück Gewissheit. Wenn die Straßenkinder auf den Auslöser einer Kamera drücken, widersetzen sie sich damit der Unberechenbarkeit der Zeit. Zwischen den Fotos und der Realität besteht eine Art Nabelschnur, von der sie befürchten, dass sie zerschnitten werden könnte. Mit Hilfe ihrer Fotos bewahren sie ein Stück Realität, indem sie einen gesicherten Teil aus der Gegenwart für die ungewisse Zukunft absondern. So könnten sie morgen, auch wenn sich ihre Situation weiterhin verschlechtern würde, immer noch feststellen, dass sie selbst und ihr Umfeld einst tatsächlich existierten, geordnet und relativ sicher. Der Wert der Aufnahmen besteht in der Rückversicherung, dass das, was zu sehen ist, einmal wirklich und wahrhaftig gewesen ist.

Die Fotos der Straßenkinder sind, recht besehen, Dokumente der Zeit und des Todes.[4] Sie verleihen dem Augenblick Dauer. Ihre Wahrheit ist das Leben, ihre Attraktivität die Tatsache, dass das Dargestellte den gegenwärtigen Moment überdauert. Der Zauber des Fotografierens ist ihrer Angst vor dem Tod geschuldet. Jede auch noch so zufällig festgehaltene Banalität hat Gewicht, wenn sie das Herz des Betrachters erwärmen kann. Zwar kann ein Foto die sichere Zukunft von Dingen und Personen nicht garantieren, es kann sie auch nicht wieder herstellen. Aber es vermag als Tatsache zu beglaubigen, was einmal Realität war. Deshalb versetzt der Fotograf das Wirkliche schon einmal vorsorglich in die Vergangenheit, um mit Hilfe des Bildes bestätigen zu können, was es wiedergibt. Mag die Abbildung noch so alltäglich oder banal erscheinen, so enthält sie doch das Zeichen des zukünftigen Todes. Sie ist mehr als eine bloße Kopie, näm-

---

4 Vgl. Roland Barthes: Die helle Kammer. Bemerkungen zur Photographie, Frankfurt am Main 1989.

Coca-Cola

S. 29 (oben): Eingang zum Patio Don Bosco, vergebliches Warten

lich Mittel, um Vergangenes zu bestätigen, und damit Sehnsucht, dass etwas hoffentlich unveränderlich bleibt. Die Fotografie des bedrohten Straßenkindes prophezeit einen Halt trotz aller Unwägbarkeit und wehrt sich gegen das Ungewisse mit der Versicherung von Wirklichkeit, von Präsenz.

PATIO DEL GAM

Das schwere Tor, vor langer Zeit grün angestrichen und schon rostig, lässt nur gedämpft die Faustschläge des Jungen, der Einlass fordert, widerhallen. Während er seine rechte Hand am Eisen fast wund gehämmert hat, umklammert er mit der linken Hand unter dem verschmutzten Unterhemd fest die gelbe Plastikkleberflasche. Er bläst immer wieder hinein und saugt den scharfen, Schwindel erregenden Geruch mit der Nase auf. Das Schnüffeln hat ihm die letzte Kraft geraubt, aber auch geholfen, die Nacht zu überstehen. Seine Augenlider sind halb geschlossen und sein Rufen ähnelt eher einem Lallen. Er schwankt sichtlich im Gehen hin und her.

In jeder Nacht wird mit der Angst auch ein Stück Tod besiegt. Im Treffpunkt Patio Don Bosco lockt die Sicherheit und die Gewissheit, ausruhen zu können, den Körper und die Kleider zu waschen, heißen Kakao zu trinken, etwas zu essen zu bekommen, mit den andern Fußball zu spielen und sich zu unterhalten. Dieser Ort ist eine Mischung aus geschlossener Einrichtung und offener Straße. Er ist Treffpunkt und Rückzugsmöglichkeit zugleich.

S. 31: SELBST GEBASTELTES STECHWERKZEUG

S. 32: KLEBER, EINE BILLIGDROGE MIT VERHEERENDER WIRKUNG

S. 33 (OBEN): MARIHUANAPFEIFCHEN

S. 33 (UNTEN) U. S. 34: ÜBERLEBENSGERÄTE

Der Junge schlägt erneut mit der Faust an das Tor, reckt den Hals hoch zum kleinen, dort eingelassenen vergitterten Fenster, durch das er ein Stück des Innenhofs erblicken kann. Asphalt und hochragende Wände mit grellbunten Malereien aus dem Kinderbuch »Das Dschungelbuch« sind zu erkennen. Kein Mensch ist drinnen zu sehen. Mit einem Mal strömen auch die anderen Kinder aus allen Straßenrichtungen herbei, eines nach dem anderen, schleppenden Schritts, übernächtigt und wortkarg. Der Verkehr dröhnt. Selten tut sich eine Lücke zwischen den Autos und Bussen auf, durch die hindurch man auf die gegenüberliegende Straßenseite wechseln könnte. Die Kinder teilen dieselbe Ungeduld des Jungen, schnell in den Hof hineingelassen zu werden.

Endlich läutet die Glocke vom Turm der Kirche, deren kahle Backsteinwand den *patio*[5] auf einer Seite eingrenzt. Jetzt ist es so weit. Das Tor wird von

---

5 Innenhof

USOS
Fabricado con
especificaciones
técnicas de calidad
para la Industria del
Calzado, Muebles,
Marroquinería,
Automotriz, etc.
APLICACION
RECOMENDACIONES
PEGANTES
SKOOL
NUEVO MILENIO
PEGANTE
AMARILLO

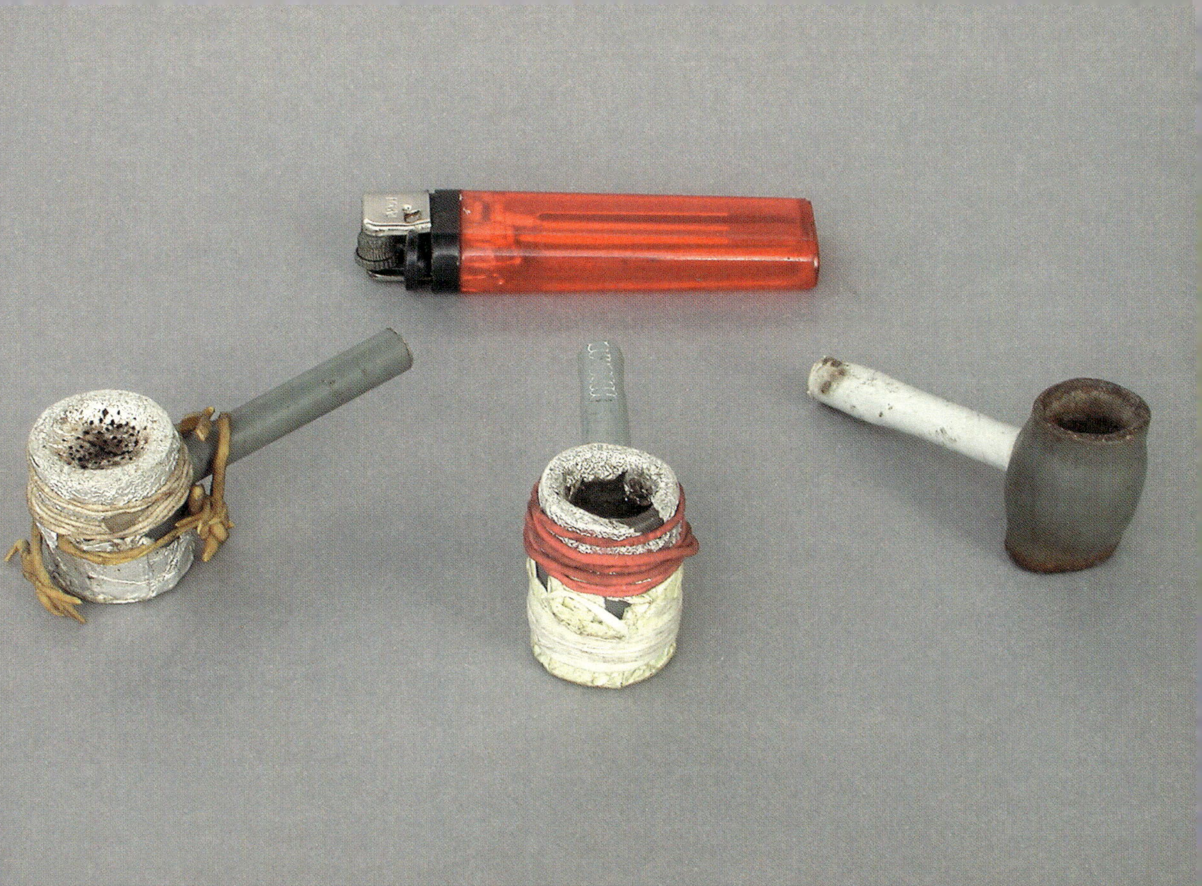

STAINLESS

innen geräuschvoll entriegelt, aber nur einen Spaltbreit geöffnet. Nicht alle werden eingelassen. Draußen bleiben müssen die Älteren, die über Fünfzehnjährigen, ohne Ausnahme. Die Abgewiesenen schimpfen verhalten, dann wieder drohend. Sie stoßen Verwünschungen aus und lungern noch Stunden danach am Tor herum. Wer drinnen ist, muss Kleberflasche, Messer und Schlagringe abgeben. Später bekommt jeder sein Eigentum wieder zurück. Jetzt zählt nur noch eins: sich hinlegen, in der Ecke zusammenrollen wie ein Embryo, schlafen und sich dabei geschützt und sicher fühlen.

S. 35 F.: Treffpunkt Patio Don Bosco

Der Patio Don Bosco, ein ehemaliger Schulhof hinter einer ausgedienten schmutzigen Schulkaserne mit leer stehenden Sälen, ist zum Treffpunkt der Straßenkinder mitten in Medellín geworden; offen für das Kommen und Gehen, geschützt genug, um sich entspannt von den Gefahren des Lebens draußen auf der Straße ausruhen zu können. Er bietet Platz für 50 bis 60 Minderjährige zwischen 5 und 15 Jahren, unter ihnen Kinder, die mehr als

FLA A
LA LATA

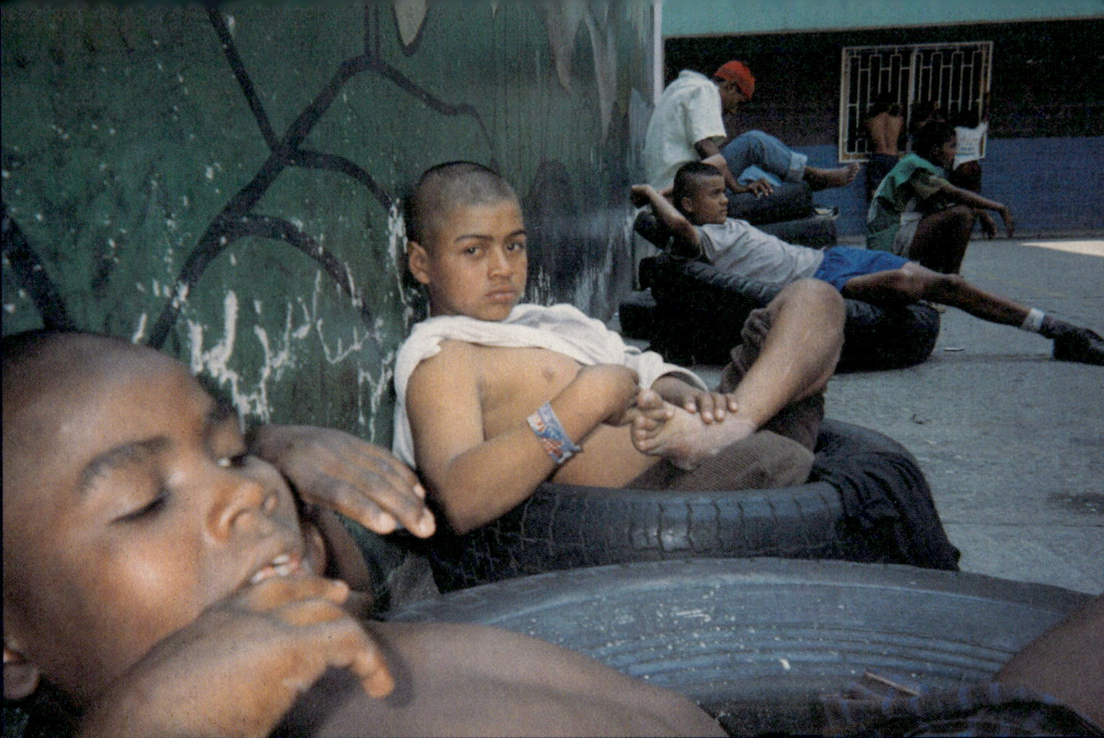

einmal dem Tod begegnet sind, Kinder, die selbst getötet haben, die sich hier verstecken, um nicht selbst umgebracht zu werden, und auch solche, die töten würden, wenn es ihnen angebracht erscheint.

Der *patio* beherbergt eine Küche, einen Essraum, mehrere Toiletten, Waschräume und einen vergitterten Verschlag, in dem sich alte Kleider und Schuhe stapeln. Es vergehen oft Stunden, bis alle Kinder aus dem Drogenrausch aufgewacht sind, sich geduscht, die Kleider gewaschen und diese im Hof zum Trocknen aufgehängt haben. Sie schlürfen den heißen, mit Milch und viel Wasser angereicherten Kakao aus großen Plastikschalen, in die sie Weißbrot tunken. Dann ist Zeit für Beschäftigung aller Art: Ausbesserungen an Hosen und Schuhen, Körperpflege, Spiele, Gespräche und die üblichen Streitereien.

S. 37:
JOHN FREDDY, VERNARBTE ERINNERUNGEN

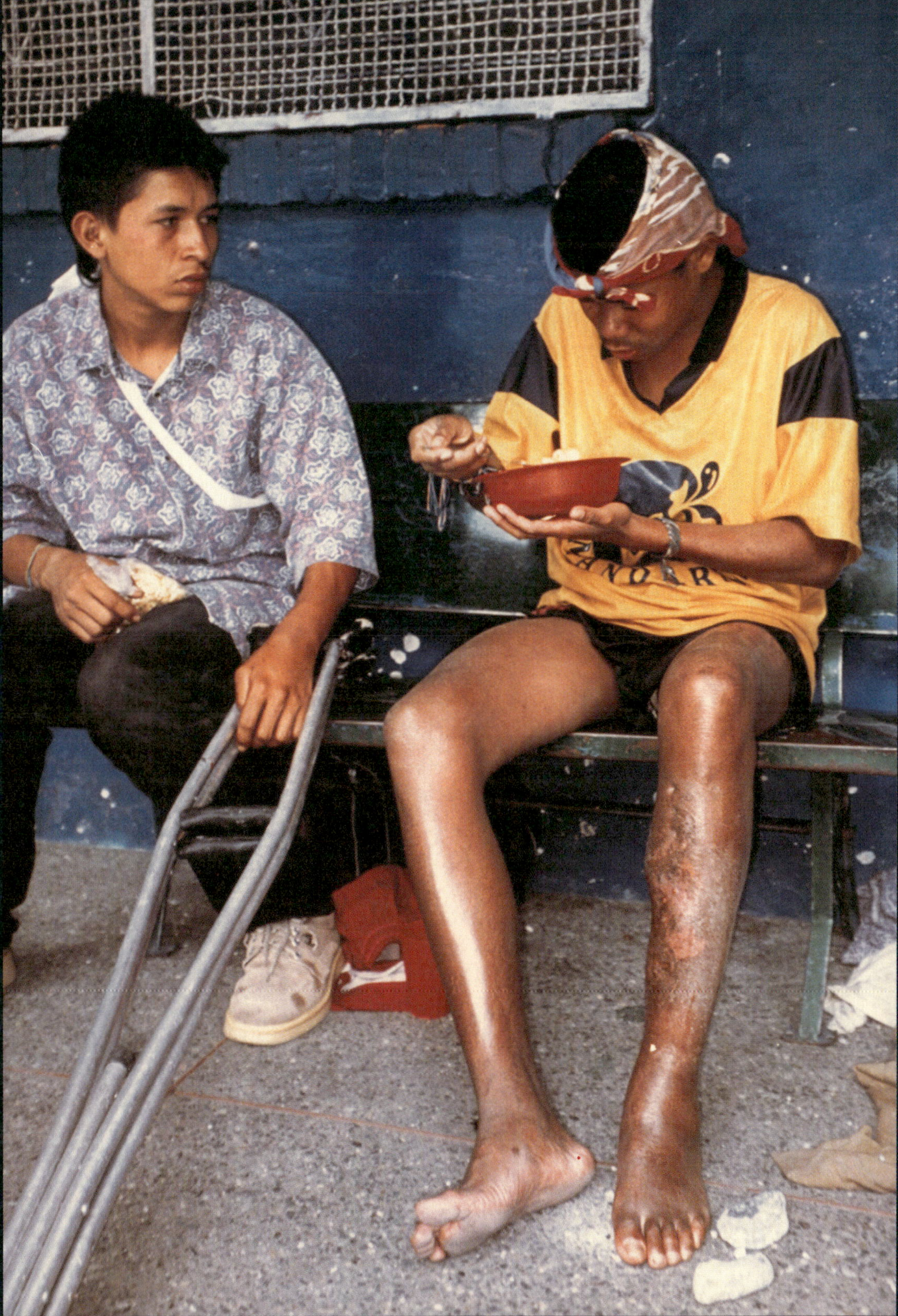

Narben auf der Haut – das Gedächtnis des Körpers

Die Haut der meisten Straßenkinder ist voller Narben, ihr Körper gezeichnet von verheilten Wunden, die von Schlägen und Messerstichen, Gewehrkugeln und Verkehrsunfällen herrühren. Darüber erzählen sie gerne. Sie lieben es, den Körper zur Schau zu stellen, insbesondere ihre Narben zu zeigen und zu berichten, wie es zu dieser oder jener Verletzung an Schultern, Armen und Beinen gekommen ist. »Sieh hier und da, was mir passiert ist!« Sie schlüpfen aus der Jacke und den Ärmeln des Hemdes, machen den Hals oder die Schultern frei, um auf sich aufmerksam zu machen und dem Nachdruck zu verleihen, was sie sagen. Meist ohne gefragt zu werden, berichten sie von ihren Verwundungen und entblößen ihren Körper zum Beweis. Eine Unterhaltung mit ihnen ist nicht mühsam; sie äußern sich spontan und führen das Gespräch selbst weiter. Andere hören anfangs etwas zurückhaltend zu, bevor sie sich dann mit eigenen Erlebnissen und Beobachtungen lebhaft am Gespräch beteiligen.

Schnell spürt man, dass Straßenkinder Zuhörer brauchen. Sie zweifeln nicht daran, dass ihre Geschichten es wert sind, erzählt und angehört zu werden. So sprechen sie mit Erregung und Stolz. Sie offenbaren ihren Körper wie ein Fotoalbum, in dem sie nicht nur die Rolle der Malträtierten, sondern auch der Helden spielen. Sie sprechen viel über ihre Erlebnisse, vor allem aber über ihre Herkunft, über das Leben im eigenen Wohnviertel, über alltägliche Streitigkeiten, über zwischenmenschliche Beziehungen und Probleme, über die Liebe, über ihre Grundüberzeugungen, über ihre Dankbarkeit zu Gott, dass sie noch am Leben sind, aber auch über ihre Wut, ihren Hass und den Wunsch, sich wegen dieser oder jener Ungerechtigkeit, die ihnen widerfahren ist, fürchterlich rächen zu wollen. Sie lenken Gespräche auch darauf, wie sie sich das weitere Leben bzw. Überleben vorstellen. Die Mehrheit der Straßenkinder will eine Ausbildung machen, einen richtigen Beruf erlernen, Soldat oder Unternehmer werden und vor allem viel Geld verdienen. Sie hegen alle den Wunsch, später einmal eine eigene Familie zu gründen.

Körper – Medium des Gedächtnisses

Zu jeder ihrer Narben gehört eine Geschichte. Es sind Geschichten von Kämpfen, überstandener Bedrohung, Überfällen und handfesten Zurückweisungen. Während sie ihre Haut zur Schau stellen, entblößen sie sich auch innerlich und legen ihre Gefühle und Erfahrungen, ihr Leiden und ihre Schmerzen offen. Sie sprechen von ihrer Angst, ihrem Zorn und ihrem Hass. Während sie mit dem Finger die Konturen der Narben in der Haut nachzeichnen, rücken diese wieder näher in ihr Bewusstsein. Spürbar verändern sich Stimme und Gesichtsausdruck. Es scheint, als würden sie von der vergessenen Angst noch einmal eingeholt, vom einstigen Zorn erneut geschüttelt. Die äußerlich sichtbaren Narben sind wie eine geheimnisvolle Schrift, die derjenige am besten entziffern kann, der sie auf der Haut trägt.

Wenn man ihnen eine Zeit lang zuhört, begreift man plötzlich, dass ihr Körper die Chronik ihres Lebens darstellt. Die Narben ihrer Haut sind wie belichtete Filmstreifen, die mit Hilfe des Erzählens gleichsam entwickelt und sichtbar gemacht werden. Jedem Straßenkind ist der eigene Körper Abbild und Text der Erinnerung, die Haut ein einzigartiges, oft mehrfach überschriebenes Palimpsest, das die biografische Wirklichkeit in ihrem historischen Kontext, die realen Erfahrungen ihrer Träger aus dem Dunkeln, das sie umgibt, heraustreten lässt.[6]

Wer über den Zusammenhang von Erfahrung, Erinnerung und Körper nachdenkt, stößt von selbst auf die Frage, wie, weshalb und mit welcher Konsequenz wir uns eigentlich erinnern.[7] Was hält das Gedächtnis wach, und wo liegt sein Sitz? Offensichtlich ist die Fähigkeit, sich zu erinnern, nicht nur mental, sondern auch körperlich bedingt. Der innere Akt des Erinnerns wird im Herzen, in der Seele oder im Gehirn lokalisiert. Erfahrungen und früher Erlebtes zeichnen sich aber auch im Körper bzw. in die Haut ein. Als Ergebnis äußerer Gewaltanwendung entstehen Wunden, d.h. Körperschriften, die das Gedächtnis zuverlässiger bewahren können als mentales Erinnern.

Beim Zustandekommen der Narben spielt der Schmerz eine entscheidende Rolle. Von seiner Stärke hängt die Intensität der Erinnerung ab. Der Schmerz, so meinte Nietzsche, sei das »mächtigste Hilfsmittel der Mnemotechnik[8]«. Gegen die Vergesslichkeit prägt er in den Körper ein, was bleibt. »Man brennt etwas ein, damit es im Gedächtnis bleibt: nur was nicht aufhört, *weh zu thun*, bleibt im Gedächtnis.«[9]

Körperliche Einschreibungen biografischer und kultureller Erfahrungen sind oft sichtbare Zeugnisse der Sozialisation. Werte, Normen, Ordnungen und Hierarchien werden regelrecht »eingefleischt«, wobei der Schmerz dem zukünftigen Erinnern auf die Sprünge hilft. Nach dem Abklingen des Schmerzes bleiben die eingeschriebenen Spuren zurück, die Fäuste, Knüppel, Messer und Gewehrkugeln für immer hinterlassen haben. Sie verhin-

6 Vgl. Claudia Öhlschläger u.a. (Hg.): Körper – Gedächtnis – Schrift. Der Körper als Medium kultureller Erinnerung, Berlin 1997. Siehe auch Clemens Wischermann u.a. (Hg.): Körper mit Geschichte. Der menschliche Körper als Ort der Selbst- und Weltdeutung, Stuttgart 2000.

7 Vgl. zum Beispiel Aleida Assmann: Erinnerungsräume. Formen und Wandlungen des kulturellen Gedächtnisses, München 1999, insbes. S. 241ff.

8 aus dem Griechischen *mneme*, Gedächtnis

9 Siehe Friedrich Nietzsche: Zur Genealogie der Moral. Eine Streitschrift. In: Ders., Sämtliche Werke, Band V, S. 295.

dern oder erschweren künftiges Vergessen und machen den Körper zum Träger von Gedächtnis. Was Körper und Haut speichern, bleibt fortwährend präsent, zuverlässig, unauslöschbar und stets abrufbar. Darin ist das Körpergedächtnis der diskontinuierlichen, flüchtigen und brüchigen mentalen Erinnerungsfähigkeit überlegen, und es kann deshalb einen stringenten Wahrheitsanspruch begründen. Die erinnerte und selbst die logische Wahrheit sind hinterfragbar, die körperliche dagegen nicht. Die Wahrheit der Haut ist, wie die des Fotopapiers, unbezweifelbar, von fast unangreifbarem Zeugniswert. Als unmittelbares Abbild tatsächlichen Geschehens ist die körperliche Wunde mit der Fotografie tatsächlich vergleichbar. Beide bürgen für die Wahrheit der Erinnerung.

Nicht nur die Schmerzempfindung und die Narben des Körpers verhelfen dem nachlassenden Gedächtnis dazu, sich an vergangenes Leid zu erinnern, auch Emotionen und erlebte Traumata spielen dabei eine entscheidende Rolle.[10] »Das Gefühl ist das unzerstörbare Zentrum des Gedächtnisses.«[11] Über den Affekt kann der Einzelne nicht willentlich verfügen; er verschmilzt vielmehr mit der Erinnerung zu einem unauflösbaren Komplex. Deshalb erscheint uns die affektive Rede als authentisch. Die Intensität des Gefühls gilt als Maßstab für die Glaubwürdigkeit der Erinnerung. Denn der Gefühlsausdruck, der das Erinnerte begleitet, lässt die Beziehung erkennen, in der das Opfer zum Erinnerten steht.

Die Narbe auf der Haut ist eine äußerliche, das Trauma eine innerliche Gedächtniswunde, und beide zusammen zeugen von einer Beschädigung des Selbst. Beim Anblick der Narbe rückt die Vergangenheit in greifbare Nähe. Im Trauma ist sie dagegen verdrängt, nicht erinnerlich. Obwohl besonders hartnäckig konserviert, ist das traumatische Erlebnis der sprachlichen und deutenden Bearbeitung entzogen. Das Trauma stabilisiert zwar die Erfahrung, verdammt sie aber in den Schatten des Bewusstseins – es ist »die Unmöglichkeit der Narration«[12]. Während erzählt werden kann, was die Ur-

---

10 Vgl. A. Assmann: Erinnerungsräume, S. 249 ff.

11 Siehe Jean Starobinski: Rousseau. Eine Welt von Widerständen, München 1988, S. 294.

12 Siehe A. Assmann: Erinnerungsräume, S. 264.

sachen der einzelnen Narben sind, und es möglich ist, das Geschehene zu bedenken und zu deuten, entzieht sich das Trauma der Sprache. In Worte will es sich nicht fassen lassen, und es sperrt sich deutender Bewältigung. Gerade darauf aber käme es an. Es müssten Worte gefunden werden, um es therapeutisch zu benennen – es zu »exorzieren«. Dann erst könnte die traumatische Erfahrung wieder belebt und zu befriedigter Erinnerung werden oder zu befriedigtem Vergessen gelangen.

Sinnfindung und Selbstvergewisserung

Der Schmerz potenziert die Wahrnehmung, Narben konservieren die Erinnerung, und der Affekt belebt das Gedächtnis. Im Erzählen der Vergangenheit kann das ursprüngliche, erinnerte und neu belebte Gefühl Sprache, Wort und Ausdruck finden. So wird erinnerte Erfahrung nützlich. Zur Sprache gebracht, ist sie fassbar. In der retrospektiven Deutung der eigenen Lebensgeschichte schafft Erinnerung Sinn. Gespräche darüber dienen der Selbstvergewisserung. Sie bilden das Vergangene nicht einfach nur ab, sondern ermöglichen Sinnfindung.

Gegenüber der objektiven Gegebenheit des Vergangenen heißt Deutung immer auch Umdeutung. Das hat mit Fiktion oder Lüge nichts zu tun. Erinnerung aus der Perspektive der Gegenwart ist letztlich immer schon umgedeutete Vergangenheit. Während die Affekte in der Erinnerung stecken, tritt die Bedeutung – der Anpassung, Selbstbestimmung und Selbstvergewisserung geschuldet – zum Erinnerten nachträglich hinzu. Die im Gespräch dargestellte Lebensgeschichte ist die subjektiv interpretierte Erinnerung des Lebenslaufes, eine im Sinne der Identität des sich Erinnernden notwendige Gestaltung des Erinnerbaren und Erzählbaren.

Schmerzgedächtnis

Die in die Haut eingeschriebenen Erinnerungen geben die Erfahrungsgeschichte der Straßenbewohner wieder. Ihr Körpergedächtnis ist ein Archiv von Elend, Schmerz und Leid. In ihre Körper sind, meist verborgen und verschüttet, aber auch Gefühle wie Hoffnung, Glück, Lust, Liebe und Freude inskribiert, und gerade die damit einhergehenden Geschichten verlangen nach Gehör. Die Haut der Straßenkinder ist ein missachteter, beiseite geschobener, zum Schweigen gebrachter »Text«, den kaum jemand zur Kenntnis nehmen will. Meist fehlt es an Zuhörern, die diese Geschichten überhaupt wahrnehmen wollen.

Die Narben auf der Haut sind den Straßenkindern als Zeichen der Aneignung des Schmerzes erhalten geblieben, ein wichtiger Besitz. Er bildet bei ihnen genauso wie bei anderen Menschen die Basis für das, was sie sind und sein werden, Grundlage ihres Wissens, ihrer Sehnsucht und der sie häufig einholenden Resignation. *»Estoy amurajado«*, sagen sie oft in ihrer eigentümlichen Straßensprache, ein aus dem in Medellín heimischen Tango entlehnter Begriff, der übersetzt bedeutet »ich bin traurig und deprimiert«. Der Schmerz des Körpers ist die Grundlage ihrer Imaginationen, ihrer Kreativität und ihrer Hoffnungslosigkeit.

Sor Sara,
aufmunternde
Begegnung

Gespräch über die Körperschrift als Methode der Annäherung

Straßenkindern zuzuhören, wie sie über ihre Narben und Verletzungen sprechen, erweist sich als eine der privilegiertesten Methoden, sich ihnen zu nähern und sich Zugang zu ihrer Welt zu verschaffen. Das Gespräch darüber kann langfristig eine therapeutische Wirkung haben und pädagogisch wichtige Auskünfte erteilen. Vor allem aber hilft es uns, über das Leben der Kinder Aufschluss zu gewinnen.

Wenn einem Straßenkind die Möglichkeit geboten wird, über seine Narben zu erzählen, fühlt es sich befreit und entlastet. Es steht unter dem Eindruck seiner persönlichen Erfahrungen und möchte diese gerne mitteilen. Manches Erlebnis, das zu einer Verletzung führte, lässt sich mit Recht wie eine wahre Heldengeschichte darstellen. Dabei die eigenen Leistungen zu betonen und sich ihrer rückzuversichern, stärkt das Selbstbewusstsein. Manche schmerzhafte Erfahrung hat zu einem Trauma geführt. Daran anzuknüpfen, sich bisher Verdrängtem wieder zu erinnern, kann, auch wenn es schwer fällt, heilend wirken. Die Archäologie des Körpers, die anhand der sichtbaren Spuren die unsichtbaren Erinnerungen erschließt, verwandelt diesen von einem passiven Medium zum Ausgangspunkt von etwas Neuem – zum Impulsgeber des Aufbruchs.

Über den Körper als misshandeltes Objekt gewinnt der Zuhörer Verständnis für das Straßenkind und seine Alltagserfahrungen, zu denen Hunger, Krankheiten, Gefahren und ständige Gewalt gehören. Die Kinderhaut beinhaltet Geschichten über verweigertes Mitgefühl, über permanente Bindungslosigkeit, über ständiges äußeres und inneres Leiden. Dieses erlittene Elend ist keine positive Grundlage für eine »normale« körperliche und geistige Entwicklung. Vielmehr hemmt es das kindliche Wachstum in jeder Beziehung. Es zerstört jede Art von natürlichen Abwehrkräften und verhindert langfristig die Entwicklung von menschlicher Stärke und Selbstbewusstsein. Das Übermaß an erfahrener Gewalt nährt die Neigung, Gewalt und Zerstörung auch selbst unaufhaltsam zu reproduzieren.

Was die Kinder erlebt haben, hat sie einsam und krank gemacht. Davon zeugen Wunden, Narben und zahlreiche körperliche Symptome wie Ausschläge, Atembeschwerden und psychische Auffälligkeiten oft unklarer Herkunft. Ihr Verhalten ist unvorhersehbar, ihr Gemütszustand schwankend, ihre Entscheidungen mitunter kaum zu verstehen. Vieles an ihnen ist unbegreiflich und deshalb nur schwer einschätzbar. Straßenkinder haben genauso wie ihre »normalen« Altersgenossen den Wunsch, dass jemand mit ihnen spricht und fühlt. Wenn die Empathie des Außenstehenden beim Betrachten der Haut des Kindes den ursprünglichen Schmerz der Verwundung noch einmal lebendig werden lässt, kann dieses Mitgefühl für sie heilend wirken. Es schafft die Voraussetzung dafür, dass sich das Kind des eigenen Wertes bewusster wird. Dieser Gewinn an Selbstgewissheit kann den Blick für eine andere Zukunft öffnen.

Der Weg führt vom Körpergedächtnis der nicht verarbeiteten Erinnerung zur narrativen Verlebendigung von Erfahrung. Das Nachzeichnen der Narben im Gespräch dient vornehmlich dem Erinnern von Gefühlen. Es ist damit die Hoffnung verbunden, dass das psychische Wiedererleben seelische Verwundungen lindern kann. Deshalb müssen die gewählten Worte die Situation des Geschehenen und die damit assoziierten Gefühle genau treffen. Das Gespräch führt in die Richtung des ursprünglich traumatisierenden Erlebnisses, damit sich der Körper an den Schmerz seiner Geschichte wieder erinnern kann. So kommt Leben in die verheilten Narben, die, wenn die Finger darüber streichen, wieder spürbar werden.

Primäre Funktion der Sprache ist nicht die Weitergabe von Informationen, sondern der Ausdruck von Gefühlen. Worte von existenzieller Bedeutung sind emotional aufgeladen. Deshalb kann das Gespräch zu einem Schauplatz werden, an dem traumatische Erlebnisse lebendig und verarbeitet werden, zumal wenn es von den Affekten begleitet wird, die das Trauma verursachten. Das einst Geschehene mag dabei bedrohend lebendig werden, aber es wird das Opfer nicht mehr physisch knebeln.

Als Außenstehende versuchen wir, die jungen Straßenbewohner zum Sprechen anzuregen. Wir schenken ihnen Aufmerksamkeit und nehmen ihre Worte ernst. Dies geschieht in der Hoffnung, dass sie über ihre körperlichen Symptome sprechen. Wenn im Gespräch über Narben und Verletzungen die einstigen Schmerzerfahrungen wiederholt, ausgesprochen und betrachtet werden und sie dabei Geltung erlangen, kann es gelingen, das Leiden der jungen Menschen zu unterbrechen. Indem sich Straßenkinder die Last ihrer eigenen Vergangenheit vom Leib reden, wird die übermächtige Erinnerung durch Sprache gleichsam exorziert, nicht, damit das Geschehene endgültig aus ihrem Bewusstsein verschwindet, sondern damit es unter Trauer integriert werden kann.

Im Gespräch mit dem Straßenkind erschließt sich dem Zuhörer eine ihm fremde Welt. Er erfährt, wie es um diese Kinder steht und was ihnen fehlt. So werden ihre Defizite erkennbar, ihre Lerninteressen erschlossen. Der Gesprächspartner macht sich ein Bild von dem, was das Kind an Unterstützung und Förderung braucht. Deshalb sind diese Dialoge auch von pädagogischem Nutzen.

Wenn Straßenkinder erzählen, erwecken sie mitunter den Eindruck, als überlappten Fantasie und Wirklichkeit einander, ohne dass sich das eine

vom anderen deutlich unterscheiden ließe. Trügt die Kinder manchmal einfach nur die Erinnerung oder wollen sie auftrumpfen und übertreiben deshalb? Gedächtnis ist das Vermögen, eine bestimmte Weise des Erlebens, des Denkens und des Fühlens zu wiederholen. Wer aber kann seiner Erinnerung sicher sein?

Als Beweis für wahrhaft Erlebtes trägt der jugendliche Körper immerhin sichtbar die Narben auf seiner Haut: »Sieh diese Narbe hier und glaub mir!« Zweifel sind unangebracht. Wenn der Erzähler auf seine Narben verweist, unterstreicht er den Anspruch, dass man ihm glaubt. Die Einzeichnungen in seine Haut erbringen den Beleg dafür, dass er nicht lügt. Entgegen dem Vergessen halten die Narben der Straßenkinder die Erinnerung daran wach, was wirklich geschehen ist, bisweilen auch für sie selbst unfassbar. Neben dem sichtbar Vorgefallenen gehört auch das innere Erleben, wie Gefühle, Wünsche, Fantasien zur Wahrheit der Straßenkinder. Was in ihren Darstellungen über die äußeren Tatsachen hinausgeht, gehört zu dieser inneren Wahrheit; es ist nicht Lüge oder Fiktion. Beim Erzählen stellt sich deshalb dieselbe Atemlosigkeit und Erregung wieder ein, wie die Angst vor der Gefahr, die Freude über die Rettung oder auch Gefühle des Hasses und der Rache, welche die Kinder damals empfunden haben. Das erinnernde Erzählen erweckt diese ursprünglichen Gefühle wieder.

Betrachtet man die Narben genauer, so stellt sich heraus, dass sie von unterschiedlicher Art und Bedeutung sind. Für die jungen Straßenbewohner sind die Körperspuren ein Schatz. Sie hüten ihn wie einen Reliquienschrein. Darin liegen die Erinnerungen verborgen, die erklären, weshalb sie trotz aller Gefahr noch am Leben sind. Die ältesten, verwachsenen und gleichwohl unauslöschbar eingeprägten Narben rühren aus frühester Kindheit her, oft Zeichen der schmerzvollen Erziehungsmaßnahmen der Eltern. Die Kinder messen diesen Verletzungen keine besondere Bedeutung zu. »Das ist doch gar nichts, nicht der Rede wert!« In Wirklichkeit gibt die Entzifferung dieser Narben Aufschluss über den meist verborgenen, verschleierten und leicht vergessenen Missbrauch des Körpers. Straßenkinder haben seit frühester Lebenszeit traumatisierende Erlebnisse wie Vernachlässigung, Missbrauch und Verstoßung durch die Eltern überstanden. Zahlreicher sind die größeren Narben, die vom Leben auf der Straße herrühren. Sie erzählen vom täglichen Überlebenskampf, von gelungenen oder fehlgeschlagenen Räubereien und Diebstählen von Nahrung, Kleidung und Drogen – »Notizen« auf der Haut, für deren Niederschrift der Platz kaum ausreicht. Diese Narben bezeugen das konfliktreiche Miteinander der Kinder mit anderen Straßenbewohnern und vor allem mit den wirtschaftlich besser gestellten Einwohnern der Stadt. Viele von ihnen fühlen sich, verständlicherweise, von Straßenkindern belästigt und bedroht. So wehren sie sich mit Knüppeln, Messern und Pistolenkugeln und »schreiben« auf diese Weise in die Haut der jungen Kriminellen ein, was die Kinder in Zukunft zu tun bzw. zu unterlassen haben. Der den Kindern dadurch bereitete Schmerz dient der Orientierung und Abschreckung, die Wunden sind Brandmarkungen zur Strafe. Die Narben bleiben für immer erhalten, als Zeichen der Ausgrenzung und Stigmatisierung.

Zwischen vielen anderen gibt es auch jene Verletzungen der Haut, die für einen tiefen Einschnitt im Leben des Kindes stehen, als Erinnerung an Vorfälle, nach denen nichts mehr so war wie zuvor. Diese Wunden rühren meist von Streitigkeiten um Anerkennung und Gunst in der eigenen Gruppe her, um die Chance also, auf der Straße überhaupt überleben zu können; Investitionen in der Hoffnung auf Geborgenheit, Zustimmung und Schutz. Auf der Haut finden sich die Hinterlassenschaften nächtlicher Messerstechereien und Kämpfe zwischen den Gruppenmitgliedern im Drogenrausch, wenn Streitereien plötzlich aufflammen, unvorhersehbar und ohne erkennbaren Anlass. Die Entzifferung dieser Einschreibungen in den Körper eröffnet jedes Mal eine individuelle und einmalige Wirklichkeit. Diese aber ist geprägt vom näheren und ferneren Umfeld, dem Viertel, in dem sich das Kind aufhält, dem Teil der Stadt, deren Dynamik seinen Alltag prägt, dem Land und seiner Politik, dessen Vergangenheit und aktueller Entwicklung. Die Narben des Kindes sind somit auch Zeugnisse der kulturellen, sozialen und politischen Geschichte seiner Heimat.

La Mona, Gorras und die anderen Kinder haben ihr Lager unter einer Brücke aufgeschlagen, die über den Rio Medellín führt. Der *cambuche*[13] besteht aus alten Kartons, Decken, Holzbrettern und lehnt an einem stützenden Brückenpfeiler. Im Inneren liegen drei Matratzen auf dem Boden, die die Kinder aus dem Müll gezogen haben. Dazu ein kleines Regal aus Bambus und ein paar Habseligkeiten, mehr nicht. Es ist nicht leicht, als Besucher den Weg dorthin zu finden, und er ist alles andere als ungefährlich.

S. 50: Manuel, notdürftig zusammengeflickt

Die Millionenmetropole Medellín gilt als »Stadt des ewigen Frühlings«, aber auch als Zentrum der Drogenmafia, der Autobomben und nächtlichen Schießereien. Vom Markt »Las Minoristas« aus geht man zum Fluss hinunter, überquert die mehrspurige Autoschnellstraße mit ihrem ununterbrochenen Verkehrsstrom und stößt dann auf eine ausgediente Eisenbahn-

13 Behausung der Straßenbewohner

brücke, die zum anderen Ufer führt. Hier verkehrten früher die Züge mit Waren, hauptsächlich Kaffee, der an die Nordküste zur Verschiffung befördert wurde. Längst sind diese alten Zeiten vorbei. In den Hohlräumen unter den verrosteten Schienen haben sich jetzt Obdachlose verkrochen. Der Blick durch die Spalten im Boden hindurch in die Tiefe erregt Schwindelgefühle. Schnell fließt das schmutzige Wasser des Flusses, eingeengt in abgeschrägten, steil abfallenden Betonwänden. Es trägt Unrat und graue Schaumkronen mit sich fort, die sich bisweilen zu Flockenteppichen verdichten. In die Betonwände der Böschungen sind runde Rohre eingelassen, durch die die Abwässer der Stadt willkürlich in den Fluss geleitet werden. Einige von ihnen sind trockengelegt worden, und auch dort haben sich Straßenbewohner so gut es geht eingerichtet.

Wer die Brücke überschritten hat, gelangt am anderen Ufer zu einem schmalen Grasstreifen. Dort kann man an den mit Unkraut überwucherten

Schienen den Fluss entlanggehen. Parallel dazu verläuft ein endloser, hoher und mit Stacheldraht gesicherter Zaun, der verhindern soll, dass Personen auf die Gleise der neuen, überirdisch geführten Metro geraten. Jenseits der Bahn zieht sich die dicht befahrene Autostraße hin, die Medellín mit Copacabana und anderen Vororten der Stadt verbindet. Hin und wieder kommt man an sitzenden oder herumstehenden Menschen vorbei, abgewetzten Gestalten, die sofort als Straßenbewohner zu erkennen sind. Manche schauen misstrauisch oder erstaunt herüber, andere blicken wie selbstvergessen vor sich hin.

Flussabwärts türmt sich eine weitere, gewaltige Brücke auf, die die Straßen gebündelt von den oberhalb liegenden Slums über den Fluss zur jenseits gelegenen Haltestelle der Metro führt. Im Schutz der Brücke haben sich drei *parches* auf der einen und zwei weitere auf der anderen Flussseite angesiedelt: Von weitem sehen ihre *cambuches* aus wie Abfallhaufen aus Stoff und Brettern. Um die wackeligen Holzverschläge herum, die mit Decken und Folien abgedeckt sind, hat sich Unrat angesammelt; Essensreste, Papier und Karton, alte Socken und Hemden, Stofffetzen, zerbrochenes Geschirr und vieles mehr.

S. 57 ff.: Marcela und Erica bei der Morgentoilette

An einem kleinen Feuer sitzen eine Frau und zwei ältere Männer. Sie schneidet Kartoffeln, Grünzeug und Kochbananen in einen Topf, der dampft und aus dem ein paar Schweineknochen herausragen. Einige Hunde streunen herum. Kommt man ihnen zu nahe, fletschen sie die Zähne und fangen an zu bellen.

Es ist Mittagszeit, die Sonne steht hoch, es dürfte bald 30 Grad warm sein. Marcela und die anderen sind nicht »zu Hause«. Etwa tausend Meter weiter flussabwärts ist an einer Stelle ein Stück Betonwand durchbrochen, wo man die Böschung hinabklettern kann. An dieser Stelle waschen sich die Straßenbewohner, zwar nicht direkt in der trüben Brühe des Flusses, sondern in einer seitlichen Röhre, deren Zufluss sie mit ihren Kleidern aufstauen und so genügend Wasser sammeln. Die Jungen sind bis auf die winzig kleinen Unterhosen ganz entkleidet. Marcela macht ihre Morgentoilette und bedient sich dabei eines kleinen Spiegels, eines Pinselchens und einiger Farbtöpfchen. Ihre wenigen Habseligkeiten hat sie auf den Bahngleisen ausgebreitet. Nena sitzt daneben. Sie hat die nackten Füße auf die Gleise gestellt und bemalt sich die Zehennägel in einem schwer zu bestimmenden Ton zwischen hellblau und silberfarben. Beim Umkleiden kehren sich die Mädchen weg und benutzen weite Blusen als Sichtschutz. Die Jungen schauen ruhig zu und lassen unterdessen die Flaschen mit dem Kleber kreisen. Fürsorglich wird der *pegante*[14] von einem zum anderen weitergereicht, damit jeder einen Zug nehmen kann.

Überhaupt gehen Straßenbewohner meist sehr freundlich miteinander um, besonders Marcela und ihr *novio*[15]. Wenn es nötig ist, wartet man aufeinander, verteilt gerecht, was vorhanden ist, bezieht Meinung und Interessen des anderen in seine Handlungen und Überlegungen mit ein. Kommt ein Nachbar aus einem anderen *cambuche* vorbei, so wird er freundlich begrüßt, und man schüttelt sich gegenseitig die Hand. Fremde erscheinen hier nicht, schon gar keine *gringos*[16]. Dennoch dürfen wir in den Verschlag

---

14 Kleber mit giftigem Lösungsmittel

15 Freund, Verlobter

16 Ausländer, insbesondere Nordamerikaner, aber auch Europäer

hinein. Wir schlagen das Plastiktuch zurück, das den Eingang verschließt. Drinnen kann man sich nur kniend aufhalten. Die Behausung hat die Länge und Breite der drei Matratzen, die auf dem Boden liegen. Man hat den Eindruck, dass wenn sich nachts eine der sechs Personen, die darauf schlafen, umdreht, dies dann wohl alle mittun müssen. Es liegen ein paar alte Decken herum, eine rot, die andere gelb. Unter der Plastikfolie, die als Dach dient, sind weitere Decken aufgespannt, die das heruntertropfende Kondenswasser abfangen sollen. Auf kleinen wackeligen Bambusregalen liegen Stofftiere und Kleidungsstücke, fein säuberlich geordnet.

»Die Hunde«, erzählt Gorras, »haben wir nach und nach aus dem Wasser gefischt.« Die Leute der Stadt hätten versucht die Tiere zu ertränken, um sie loszuwerden. Piccatchu zeigt auf eine müde herumliegende Hündin. Sie habe, sagt er, gerade sechs Junge geworfen und sie anschließend gefressen. »Nachts«, meint Nena, »müssen die Tiere draußen bleiben; drinnen haben

S. 63: Doris zu Hause

ME
YAL

sie dann nichts zu suchen.« Und Mona fügt hinzu: »Wenn wir tagsüber unterwegs sind, bewachen die Hunde alles, was wir haben. Hier kommt nichts weg!«

Abends, erzählt Gorras später, treffen sie sich mit anderen Straßenbewohnern im *cambuche* auf dem gegenüberliegenden Flussufer. »Die haben einen Fernseher.« Zwar fehlt ihnen ein Dach über dem Kopf, aber die Brücke schützt sie. Sie haben eine Stromleitung angezapft, und so können sie das Fernsehgerät betreiben, das ihnen, wenn auch nur in schwarzweißen Schemen und unter argem Geflimmer, einen Blick in die weite Welt erlaubt. Wenn sie sich irgendwo in der Stadt ausweisen, sagen sie nur: »Wir sind die mit dem Fernsehgerät unter der Brücke.« So weiß jeder gleich Bescheid.

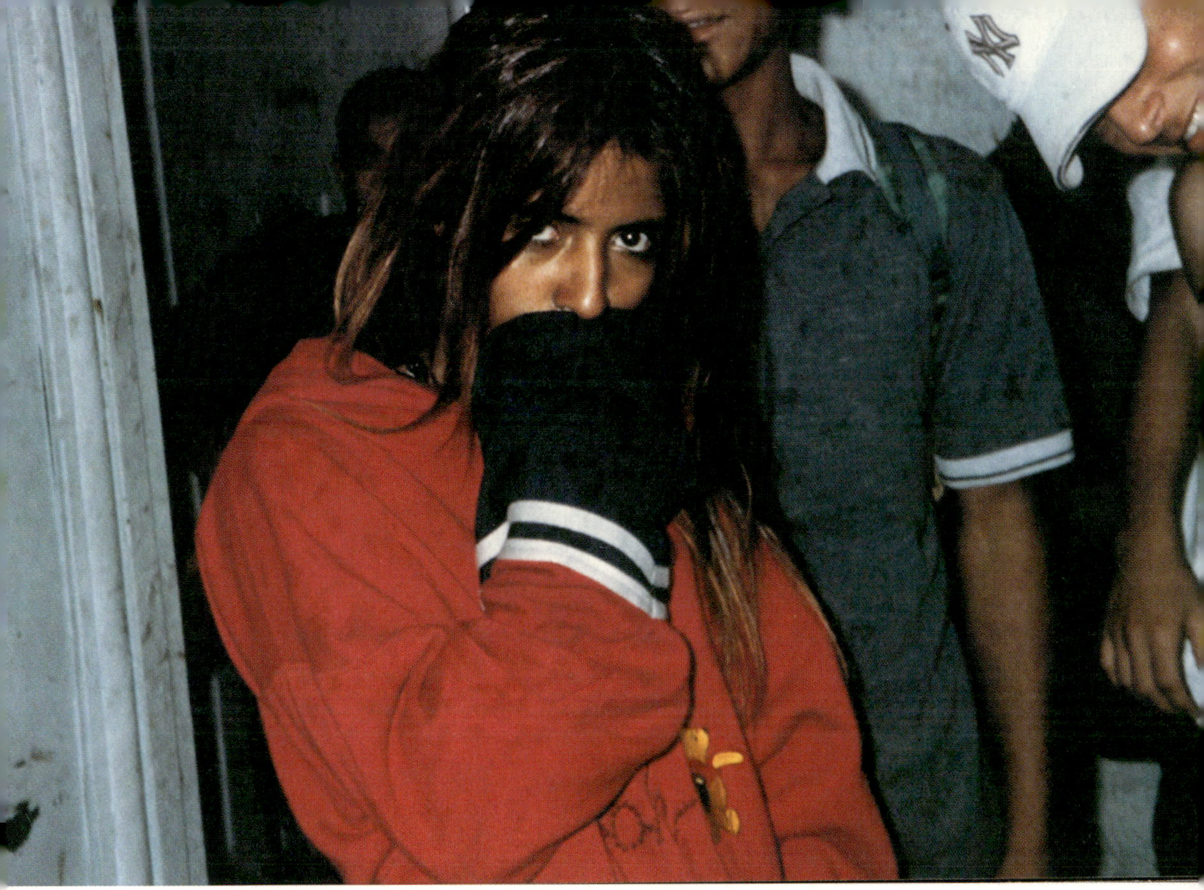

Marcela, Hernán und die anderen

Marcela

Sie ist vierundzwanzig Jahre alt, eine attraktive junge Frau. Wir lernen sie auf der Straße kennen, wo sie *galletas*[17] verkauft. Sie verdient damit etwa 1200 Pesos am Tag, umgerechnet einen halben Euro. Marcela kokettiert gerne. Sie weiß, was sie will, und sie kann sich ausdrücken, wenn nicht gerade der Drogenrausch ihre Sinne benebelt; dann spricht und bewegt sie sich wie in Trance. Sie erzählt von ihren beiden Kindern, die sie von zwei verschiedenen Männern hat – einem Mädchen von 16 Monaten und einem Jungen von vier Jahren. Der Kleine ist bei Marcelas Tante untergebracht und die Tochter bei ihrer Großmutter väterlicherseits.

Marcela hat ihre Familie verlassen, als sie zehn Jahre alt war. »Sie war schon immer rebellisch«, sagt uns ihr Vater, als wir ihre Eltern besuchen.

---

17 Gebäck, Waffeln

Seither lebt sie mal hier, mal dort, meist irgendwo auf der Straße, in einem *cambuche* unter einer Brücke oder vor einem Ladeneingang in einer Seitenstraße, die zur Plaza Cisneros im Zentrum Medellíns führt, den die Straßenbewohner »La Manga« nennen.

Marcela ist von Santiago, ihrem letzten Lebenspartner, verstoßen worden. Sie hatten sich auf der Straße kennen gelernt. Als wir ihr im März 2002 zum ersten Mal begegneten, war Gorras ihr neuer Freund, ein junger Mann von etwa neunzehn Jahren. Sie waren sehr verliebt und küssten sich oft, mal zärtlich, mal inbrünstig. »Zwanzig Tage sind wir schon zusammen«, erzählte Marcela stolz. Bei unserer zweiten Begegnung im August 2002 fanden wir Marcela verzweifelt vor. Sie weinte oft. Santiago, der Vater ihrer kleinen Tochter, war ermordet worden. »Das haben die Milizen getan«, berichtete sie. »Es geschah nach einem der üblichen Fußballspiele samstags im Viertel. Sie holten ihn und brachten ihn vor den Augen der Kinder um.«

Milizen sind die jugendlichen Banden, die in den Comunas[18] für »Ordnung« sorgen. Sie sind vermeintliche oder tatsächliche Mitglieder der Guerilla oder der Paramilitärs, und vertreiben oder töten diejenigen, die sich ihnen nicht anschließen wollen. Wenige Wochen nach Santiagos Tod wurde auch sein Bruder ermordet. Die Mutter der beiden muss nun ihre sechs kleinen Enkel alleine versorgen.

»Das wäre mein Wunschtraum: auf dem Land zu leben, in einem kleinen Dorf, weit weg, in einem Häuschen. Ein kleiner Teich in der Nähe, ungefährlich für die Kinder, wo sie frei herumlaufen könnten, wo kein Auto sie überfahren und niemand sie überfallen würde. Alles dort wäre ganz klein: der Fernseher, ein kleiner Wohnraum, zwei Betten für die Kinder und eins für mich. Und an allen Wänden würde ich Landschaftsbilder, Fotos von meinen Kindern und Blumen aufhängen, viele natürliche Blumen in wunderschönen Farben …«

---

18 Bezeichnung für Elendsviertel von Medellín

Hernán

Jeden Tag so gegen 12 Uhr kann man Hernán an einer bestimmten Stelle der Uferböschung des Rio Medellín im Zentrum der Stadt treffen, wo eine Betonröhre ein kleines Rinnsal von fast sauberem Wasser, das von den Bergen herunterkommt, in den Fluss leitet. Dort wäscht er sich, seinen Hund und einmal in der Woche auch seine Jeans, das Hemd und die Socken, die dann auf den von der Sonne gewärmten Steinen getrocknet werden. Hernán ist 15 Jahre alt, ein freundlicher, liebenswürdiger Junge, der gerne lacht. Den Hund hat er aus dem Fluss gefischt, nachdem ihn seine vorherigen Besitzer dort ertränken wollten. Nun folgt ihm das Tier auf Schritt und Tritt. Eine Leine braucht er selbst im dichtesten Verkehrsgewühl nicht.

Um den Hals trägt Hernán einen kleinen Beutel mit seinen wenigen Habseligkeiten, darunter eine Zahnbürste und eine Tube mit Zahncreme. Täglich putzt er sich die Zähne. Deren Zustand ist ihm wichtiger als alles andere auf der Welt. Wenn er über seine Zähne spricht, drücken seine Augen Befriedigung und Stolz aus. Sein Gebiss, sagt er, müsse stets in einem perfekten Zustand sein. Das gibt ihm ein Gefühl von Würde, ja Überlegenheit. Wenn er sich im Kreis seiner Freunde und Bekannten umschaut, findet er kaum einen, dessen Zähne mit den seinigen vergleichbar wären. Die meisten haben Lücken, faule oder ausgeschlagene Zähne. Einen Zahn zu verlieren, das wäre für Hernán eine fürchterliche Vorstellung. Diese Gedanken teilen auch die meisten Straßenkinder. Solange alle Zähne vorhanden sind, ist nichts verloren. Gesunde Zähne bedeuten, die Chance zu haben, dem Leben auf der Straße eines Tages entrinnen zu können und von den anderen, den »normalen« Menschen, anerkannt zu werden. Eine Zahnlücke aber grenzt aus für immer und ewig. Wenn Hernán auch nur einen Zahn verlieren würde, so wäre er ein für alle Mal als Straßenkind gebrandmarkt, und die weiteren Folgen lägen auf der Hand. Dann bräuchte er auf sein äußeres Erscheinungsbild keinen Wert mehr zu legen. Es wäre ihm gleichgültig. Er würde sich nicht mehr regelmäßig waschen, die Haare kämmen, die Kleider flicken und sauber halten, und würde zusehends die Farbe seiner Umgebung annehmen: grau.

S. 68: Marcelas Traum

S. 69: Hernán, Hunderetter und -pfleger

Jonathán

Er ist vierzehn Jahre alt und sieht doch erst aus wie ein Acht-, höchstens Zehnjähriger. Er ist klein und schmächtig, flink und stark. Dabei kann er keinen Augenblick lang ruhig sitzen bleiben, huscht ständig hin und her, und ist immer sofort zur Stelle, wo etwas los ist. Seine lachenden Augen sehen alles, nichts will er versäumen. Vor einigen Wochen tauchte er zum ersten Mal im Patio Don Bosco auf. Bereitwillig spricht er über seine Erfahrungen.

Er war gerade einmal neun Jahre alt, als sich seine Mutter auf- und davonmachte und ihn zusammen mit seinen drei Geschwistern zurückließ. Seine ältere Schwester musste sich von einem auf den anderen Tag mit der Aufgabe abfinden, ihre Mutter zu ersetzen. Vom Vater, arbeitslos und dauernd betrunken, war nicht viel Unterstützung zu erwarten. Damals lebten sie in Robledo Áures, einem Viertel im Slumgürtel Medellíns. Den engen, kaum zwölf Quadratmeter großen Wohnraum teilten sie sich mit acht weiteren Familienangehörigen, darunter Onkeln und Tanten.

Jonathán interessierte sich schon immer für alles Wissenswerte, das ihm die Schule und die Fernsehprogramme boten. Häufig besuchte er die öffentliche Bibliothek in seinem Wohnviertel, in dem er sieben Jahre lang zur Schule ging. Heute noch sagt er: »Mit anderen zusammen unterrichtet zu werden, das ist nichts für mich. Ich bin viel zu schnell für sie.« Als seine Familie zunehmend verarmte, war er gezwungen, die Schule zu verlassen, um Geld zu verdienen. Aber die Hoffnung, eines Tages den ärmlichen Verhältnissen entfliehen zu können, verlor er nie. So verschlug es ihn nach Putumayo, dem am weitesten im Süden Kolumbiens an der Grenze zu Ecuador gelegenen Departement, wo eine Tante lebte und ihm Unterschlupf gewährte. Bald fand er eine Arbeit als *raspachin*, als Sammler von Kokablättern. Aus nächster Nähe erlebte er dort den blutigen Kampf der Drogenhändler und Guerilleros mit dem Militär und der Polizei mit, hörte Schießereien und Detonationen, sah Verletzte und Tote.

Als seine Tante in finanzielle Schwierigkeiten geriet, machte er sich auf den Weg und kehrte nach Medellín zurück. Dort hielt er sich besonders gerne im vornehmen Viertel El Poblado mit seinen schönen Häusern und Geschäften auf. Immer wieder begegnete ihm ein hübsches Mädchen, das

S. 71: Münzspiel auf der Strasse

MARIA Y
OUT
OF
rules
YORK

LIMONADA

er aus der Ferne beobachtete und für das er heimlich lange Gedichte verfasste, die er in ein altes Schulheft eintrug: »Wenn du mich liebtest und ich dich liebte, würde ich glauben, dies sei ein Traum, nicht Wirklichkeit. Aber da kein Traum endlos währt und du einen anderen liebst, verwandelt sich die schöne Illusion in einen Albtraum, wenn ich dich am Fenster vorbeigehen sehe mit deinem Lächeln …«

S. 72: Hernáns Behausung an der Plaza La Manga

Seinen Glauben daran, künftig von der Straße wegzukommen, verlor Jonathán nie. So suchte er Kontakt zu einem Straßenkinderprogramm, und bemüht sich nun, dort aufgenommen zu werden. »Ich werde einmal Wissenschaftler«, sagt er voller Überzeugung, und man nimmt ihm tatsächlich ab, dass er eines Tages dieses Ziel auch erreichen wird.

Luchito

Seine Freunde nennen ihn nun schon so lange »Luchito«, dass er sich kaum mehr daran erinnert, wie er früher einmal richtig hieß. Das ist auch völlig belanglos. Nie hat Luchito Ausweispapiere besessen, er wüsste auch nichts damit anzufangen. Erinnerungen an seine frühe Kindheit kommen ihm selten in den Sinn, und wenn, dann stimmen sie ihn nur traurig. Was Luchito besitzt, das trägt er am Körper; ein Paar weite Hosen, deren ursprüngliche Farbe kaum mehr zu bestimmen ist, ein schmutziges Hemd, Turnschuhe unterschiedlicher Größen, die an den Fersen aufgerissen sind. Seit einigen Tagen schläft er nachts vor dem Eingang eines Ladens, dessen Überdachung den Bürgersteig etwas überragt, so dass er bei Regen geschützt ist. Spätabends lässt der Besitzer die Eisengitter krachend herunter, morgens gegen 9 Uhr zieht er sie wieder hoch, so dass Luchito und die anderen, die sich dort ausgeruht haben, aus dem Schlaf hochschrecken.

Sich zu waschen vernachlässigt er genauso wie seine Freunde, entsprechend sehen sie aus: Schmutz verklebt die Augen, die Haare sind zerzaust, die Kleider zerfetzt. Luchito dürfte etwa zehn Jahre alt sein. Sein schmächtiger Körper ist voller Wunden, die wegen des Schmutzes eitrig sind und nicht verheilen wollen. Das macht Luchito ganz besorgt. Wenn er darüber spricht, öffnen sich seine sonst immer halb geschlossenen, ängstlichen Augen, und man sieht, dass sie rot entzündet sind.

S. 74 ff.: Marcela und Erica, unterwegs in den Straßen Medellíns

In seinem kurzen Leben hat Luchito schon viel erlebt. Neulich ist er, mit anderen Straßenbewohnern zusammen, mitten in der Nacht von der Polizei aufgeschreckt worden. Sie wurden zusammengetrieben und auf Lastwagen aus der Stadt hinausgefahren. Die Angst des nächtlichen Überfalls steckt ihm noch in den Knochen. Nach wenigen Tagen kehrten alle wieder in die vertraute Gegend, das Barrio Triste im Zentrum der Stadt, zurück. Nur dort bringt Luchito durch Betteln und Diebstahl zusammen, was er zum Überleben braucht. Er weiß, wie man die Leute auf der Straße anspricht und was man ihnen erzählen muss, um sie zu rühren. »Du musst halt alles ein bisschen dramatisieren und damit ihr Mitleid wecken«, erklärt er fachmännisch. Vom vielen Geschichtenerzählen kann Luchito manchmal selber nicht mehr unterscheiden, was wahr ist und was er erfunden hat.

LA SUPER PROMOCION DE
ANIVERSARIO
GANGA$
íntimas
Super prom

GESPRÄCH MIT JOHN FREDDY

John Freddy ist ungefähr 17 Jahre alt, breitschultrig mit brauner Haut und aufgewecktem Blick. Wahrscheinlich stammt er aus Urabá. Sein Bein ist eingegipst, und mit seinen Krücken kann er sich nur langsam fortbewegen. Deshalb sitzt er gelangweilt auf einem Stuhl herum, den Blick auf das Treiben im *patio* gerichtet. Er ist kein Freund der Einsamkeit; deshalb ruft er lachend seine Freunde herbei und versucht sie mit Erzählungen festzuhalten. Schnell bildet sich ein Kreis von Kindern um ihn herum, die dem folgenden Gespräch lauschen, aber die Augen ständig aufs Fußballspiel gerichtet halten.

FRAGE: Darf ich mich zu dir setzen?
JOHN FREDDY: Ja klar. Setz dich.
FRAGE: Du bist doch der Junge, der im letzten Oktober in Behandlung war wegen des gebrochenen Beins, nicht wahr?

JOHN FREDDY: Ja, ich habe das Problem schon seit langer Zeit. Gott sei Dank habe ich jetzt Krücken bekommen und kann endlich wieder laufen.

FRAGE: Was ist dir denn passiert?

JOHN FREDDY: Eines Tages hat mich ein Auto angefahren, als ich völlig zugedröhnt war, da habe ich mir das Bein gebrochen. Es ging mir schlecht, und sie brachten mich zur Notfallstation. Sie haben mir ein paar Gewichte angehängt, dann wurde ich operiert. Sie haben mir diesen Gips drangemacht und diesen Apparat hier. Aber es will und will nicht heilen.

FRAGE: Solche Verletzungen dauern immer sehr lang. Du musst Geduld haben und gut auf dich aufpassen.

JOHN FREDDY: Ach was, ich weiß nicht, ob dieser Arzt überhaupt etwas von der Sache versteht. Jetzt sagt er auch noch, dass er mich noch einmal operieren will. Ich lasse mich doch nicht ganz kaputtmachen. Wenn es wirklich drauf ankommt, dann taugen die Heiler mehr, die einen mit Beten gesund machen können. Denn zumindest die bringen einen wieder in Ordnung.

FRAGE: Woher weißt du das?

JOHN FREDDY: Schau mal, siehst du diese Narbe?

FRAGE: Klar. Was ist dir denn da passiert?

JOHN FREDDY: Als ich noch ganz klein war, habe ich immer ins Bett gemacht, und deswegen hat mich meine Mama sehr geschlagen. Eines Tages, als ich wieder nass war, bekam ich solche Angst, dass mich meine Mama wieder schlagen würde, da beschloss ich abzuhauen. Und deshalb bin ich zum Fluss hinuntergegangen, stieg ins Kanu, machte den Motor an und fuhr flussabwärts. Da kam ich zum Haus der Dicken und wohnte eine Zeit lang bei ihr.

FRAGE: Ist sie eine Bekannte von dir?

JOHN FREDDY: Ja, ich kenne sie seit langem. Sie ist wirklich in Ordnung. Ich habe ihr im Haus geholfen. Aber eines Tages habe ich wieder ins Bett gemacht, und ich wusste schon, dass sie ihren Sohn immer schlug, wenn ihm das passierte, und ich sagte mir: Diese Alte ist sehr kräftig; wenn sie mich durchprügelt, dann bringt sie mich um. Besser, ich haue ab.

Ich versteckte mich in einem Gestrüpp, aber dort biss mich eine Schlange. Ich war so erschrocken darüber, dass ich heulend zurücklief. Da brachten sie mich zu einem Mann, der mich behandelte. Er heilte meine Wunde. Mit einem Messer, das er im Feuer erhitzte, ritzte er so ein komisches Kreuz ein, saugte das Blut heraus, spuckte es aus und legte einige Kräuter darauf. Dann schickte er mich weg. Als dies mein Vater erfuhr, kam er und nahm mich zurück nach Hause. Aber ich habe mich dort nicht mehr wohl gefühlt. Sie kommandierten mich herum und schimpften mich aus. Und wenn man immer so eine wahnsinnige Angst hat, ins Bett zu machen, und dann das andauernde Geschimpfe, und Schläge angedroht bekommt, dann …

FRAGE: Und dann, wie ging es weiter?

JOHN FREDDY: Ich habe mich mit einigen Männern angefreundet, die schon mal nach Medellín gefahren waren, und eines Tages beschloss ich, auch dorthin zu gehen. Ich begann, auf der Straße zu schlafen und Drogen zu nehmen, zu betteln und zu stehlen. Aber das soll nicht immer so bleiben, ich will weiterkommen.

FRAGE: Wie willst du das erreichen?

JOHN FREDDY: Ich würde gerne auf einem Hof arbeiten. Ich kenne mich gut mit der Viehzucht aus. Ich kann melken, kann den Kühen Zecken aus der Haut ziehen, kann Vieh hüten. Aber ich würde auch gern zum Militär gehen, mit Waffen lernen umzugehen, das wäre toll. Aber ich weiß nicht, ob die mich überhaupt nehmen. Ich glaube, zuerst muss ich einmal lesen und schreiben lernen.

GESPRÄCH MIT PEDRO

Trotz seiner 16 Jahre ist Pedro nur 1 Meter 50 groß, dabei athletisch gebaut, dunkelhäutig, ein flinker Junge. Sein Gesicht ist ausdrucksvoll, und wenn er spricht, wirkt er äußerst selbstbewusst. Man hat den Eindruck, dass er genau weiß, was er will. Im Kontakt mit anderen versteht er es, die Aufmerksamkeit auf sich zu ziehen und weiß sich durchzusetzen. Wenn er von jemandem spricht, den er sympathisch findet und achtet, so ist sein Blick voller Wärme und Anteilnahme. Seine ganze Haltung aber ändert sich plötzlich, wenn die Rede von seinen Feinden ist. Dann reißt er wild seine Arme hoch und seine Augen sprühen vor Zorn.

FRAGE: Tut es sehr weh?

PEDRO: Nicht besonders. Es brennt, weil es jetzt verheilt.

FRAGE: Du hast ja schon viel Erfahrung mit Wunden, nicht wahr?

PEDRO: Das kann man wohl sagen. *(Der Junge zieht das Hemd bis zum Hals hoch und zeigt Schultern, Arme, Beine und einige Narben am Kopf.)*

FRAGE: Und?

PEDRO: Diese da *(er zeigt auf eine große Narbe auf der Schulter)*, die habe ich mir geholt, als ich jemanden verteidigen wollte.

FRAGE: Erzähl doch mal!

PEDRO: Eines Tages, als ich großen Hunger hatte, da bot mir ein Priester etwas zu essen an. Er setzte sich zu mir auf den Bürgersteig, und wir redeten miteinander. Da kam ein anderer Junge, der sah, dass der Priester abgelenkt war, und nutzte die Situation aus. Der Typ war so dreist, dass er seine Hand in die Tasche des Priesters steckte, um ihm die Geldbörse zu klauen. Stell dir das mal vor! Wie sollte ich denn das zulassen, wo doch der Priester mein Freund war und mir geholfen hat? Ich nahm also mein Messer und stach zu, aber der andere hatte auch eines und wehrte sich, und dabei hat er mich schwer verletzt.

FRAGE: Wer hat sich dann um dich gekümmert?

PEDRO: Na ja, der Priester eben. Der war wie ein Engel. Er hat mich ins Krankenhaus gebracht und ist so lange geblieben, bis sie mich versorgt hatten.

FRAGE: Als dir das mit der Verletzung passierte, bist du nicht sehr darüber erschrocken, als du das viele Blut gesehen hast? Hattest du Angst, du könntest sterben?

PEDRO: Wenn sie dich verletzen, dann ist das so, als würdest du von innen verbrennen. Man fühlt einen Zorn, einen riesigen Hass, so dass man nichts mehr sehen und denken kann, man will sich bloß noch rächen.

Schau mal, hier *(er zeigt auf seinen linken Oberarm)*, das passierte mir, als so ein paar Typen eine Schießerei begannen. Dabei hat mich eine Kugel erwischt. Ich war so am Ende und wäre sicher verblutet, wenn nicht ein Freund in der Nähe gewesen wäre. Und die hier *(er zeigt auf eine andere Narbe am Bauch)*, die stammt von einer anderen Verletzung.

FRAGE: Ja?

PEDRO: Es gab so einen Kerl, der einen Einbruch plante. Wir kamen überein, dass ich Schmiere stehen sollte, während er die Sache erledigte. Als er das Geld erbeutet hatte und zurückkam, ging er plötzlich mit dem Messer auf mich los. Er wollte es nicht mehr mit mir teilen. Dafür habe ich ihn später fertig gemacht.

FRAGE: Und diese andere Narbe da auf deiner Hand?

PEDRO: Ach ja, die ist aus der Zeit, als ich noch ein kleines Kind war. Da schickte mich meine Familie los, eine Flasche Limonade zu kaufen. Ich bin gestolpert und hingefallen. Die Flasche ist zerbrochen, und ich habe mich an den Glasscherben verletzt.

Aber die hier *(er zeigt auf eine Narbe im Gesicht)*, da musste ich meine kleine Schwester verteidigen. Es gab so einen Typen, der hatte überhaupt keinen Respekt vor ihr. Ich drohte ihm: »Wenn du ihr auch nur ein Haar krümmst, dann hast du es mit mir zu tun!« Und dann haben wir uns hart gekloppt. Weißt du, wenn du in Gefahr wärst, dann würde ich auch dasselbe für dich tun. Wenn dir einer etwas antun wollte, würde ich ihm genauso drohen.

GESPRÄCH MIT DANOBIS

Danobis ist ein Junge von etwa 13 oder 14 Jahren. Seiner Größe und der körperlichen Entwicklung nach zu urteilen, würde man ihn höchstens auf zehn Jahre schätzen. Sein Ausdruck ist lebhaft, seine Gesten flink. Während er redet, blickt er nervös um sich, als würde er beobachtet oder gar verfolgt werden. Spricht man mit ihm, so streift einen sein Blick nur hin und wieder. Man muss genau hinhören, was er sagt; denn er öffnet kaum den Mund und verschluckt so manche Silbe. Einen einzigen Menschen gibt es auf der ganzen Welt, von dem sich Danobis verstanden fühlt, von seiner Mutter. So war es schon immer. Wenn er sich daran erinnert, was man ihm angetan hat, überkommt ihn maßlose Wut. Dann blitzen seine Augen, die Gesichtsmuskeln spannen sich an, die Hände zucken nervös. Man spürt, dass alles, was vorgefallen ist, in ihm wieder lebendig wird. Was er getan hat, würde er ohne zu zögern sofort wieder tun.

FRAGE: Heute siehst du aber hübsch aus. Du hast dich fein gemacht. Gibt's dafür einen besonderen Anlass?

DANOBIS: Es gefällt mir eben, gut auszusehen.

FRAGE: Und warum sitzt du hier am Rand des Spielfeldes herum und spielst nicht mit den anderen Kindern?

DANOBIS: Na ja, es fällt mir schwer, den Ball aufzufangen, weil ich in dieser Hand überhaupt keine Kraft habe *(er zeigt auf seinen linken Arm, der deutlich kleiner ist als der andere)*.

FRAGE: Was ist passiert?

DANOBIS: Als ich noch im Bauch meiner Mama war, da ist diese ganze linke Seite abgestorben.

FRAGE: Aber mit dem linken Bein hast du ja keine Probleme?

DANOBIS: Das stimmt. Das habe ich meiner Mama zu verdanken. Sie hat mich zum Arzt gebracht, und der hat viele Übungen mit mir gemacht. Das habe ich nur ihr zu verdanken.

FRAGE: Du magst deine Mama gern, nicht wahr?

DANOBIS: Und wie! Das, was ich bin, verdanke ich nur ihr.

FRAGE: Aber lebst du denn auch bei ihr?

DANOBIS: Ich würde gerne zu Hause wohnen. Aber das geht nicht. Die anderen Jungs sind nämlich hinter mir her und wollen mich umbringen. Wenn ich nach Hause ginge, würden sie mich dort finden und sofort töten.

FRAGE: Warum denn das?

DANOBIS: Weil ich einen Kerl getötet habe. Der hat mich immer aufgezogen und auf mir herumgehackt. Er hat mich ausgelacht und mich vor allen anderen lächerlich gemacht wegen meiner Hand. Aber dafür kann ich ja wirklich nichts. Da nahm ich den Stock eines Regenschirms. Ich habe ihn unten ganz spitz gemacht und ihn in meinem Hosenbein versteckt. Dann habe ich nur noch auf eine gute Gelegenheit gewartet, und die kam schnell. Ich habe mehrere Male zugestoßen, und der Kerl war tot.

FRAGE: Und wann ist das passiert?

DANOBIS: Vor etwa neun Monaten.

FRAGE: Aber du bist ja noch sehr jung?

DANOBIS: Zwölf bin ich. Du brauchst dich nicht zu erschrecken. Wenn etwas sein muss, muss es sein. Man darf sich von niemandem auf der Nase herumtanzen lassen. Meine Mutter war dann die Erste, die mir geholfen hat abzuhauen, damit die Freunde des Kerls, den ich getötet hatte, sich nicht an mir rächen konnten. Klar, für meine Familie war das bitter. Die mussten nämlich fliehen und unser Häuschen aufgeben. Das hatten wir selbst gebaut. Als die Typen mich suchten und nicht fanden, bedrohten sie meine Familie, aber ich hatte mich längst aus dem Staub gemacht, ohne dass irgendjemand wusste, wohin.

Gespräch mit Victor

Victor ist 14 Jahre alt, groß, dünn und dunkelhäutig. Für ein Straßenkind sieht er auffallend sauber aus. Seine Haare sind ordentlich gekämmt. Er trägt Sportschuhe, Marke Nike, ein ziemlich neues Modell. Aber er wirkt traurig, bewegt sich nur langsam, wie in Zeitlupe, und beim Sprechen entstehen immer wieder kleine Pausen. Das ändert sich erst, als er auf seine Mutter zu sprechen kommt. Jetzt wird er munterer, seine Stimme klingt heller, aber sie drückt Sorge aus. Als er berichtet, was mit ihr geschehen ist, blitzen seine Augen vor Zorn auf. Er schwört, dass er sich an denjenigen, die seine Mutter ins Gefängnis gebracht haben, fürchterlich rächen wird. Während er diese Drohung ausstößt, bohrt sich sein Blick in die Augen seines Gesprächspartners. Man spürt seine heilige Entschlossenheit.

Frage: Oh, du warst beim Frisör?

Victor: Na klar. Ich habe mich fein gemacht. Ich will nämlich meine Mama besuchen. Sie haben sie eingesperrt, sie ist im Gefängnis.

Frage: Weshalb denn das?

Victor: Wir haben von den Leuten, die bei uns im Viertel Geschäfte machen, Geld verlangt. Wir hatten einen Revolver und sagten ihnen, dass wir sie und ihre Familienangehörigen töten würden, wenn sie nicht bezahlen. Das hat bisher immer gut funktioniert. Aber eines Tages erwarteten sie uns schon, die Polizei kam und erwischte uns auf frischer Tat. Sie brachten uns aufs Revier. Meine Mama sperrten sie gleich ins Gefängnis, und mich ließen sie laufen, weil ich ja noch minderjährig bin. Das ist der Grund, weshalb ich hier gelandet bin. Ich lebe auf der Straße, nehme auch Drogen und bettle, um überleben zu können. Ich will viel Geld zusammenbekommen, damit ich es denen eines Tages heimzahlen kann.

Ich werde jemandem Geld geben, damit er die Rechnung mit den Verrätern begleicht, die meine Mama reingelegt haben.

Die Reichen haben alles, man muss ihnen ihr Geld abnehmen. Siehst du nicht, wie sie uns klein machen und erniedrigen? Sie fahren mit ihren schnellen Autos haarscharf an uns vorbei, erschrecken uns und drehen sich dann nicht mal um. *(Während er spricht, knibbelt der Junge aufgeregt an seinem Hemd herum. Einige Narben auf seinem Bauch und an den Schultern werden sichtbar.)*

Siehst du diese Narbe? Die hier hat mir ein Typ mit einer Flasche beigebracht. Wir hatten Streit. Im Laufe der Zeit kommt eine Narbe zur anderen. Das bringt das Leben mit sich.

FRAGE: Und was hast du gefühlt, als man sie dir beibrachte?

VICTOR: Eine Riesenlust, die Kerle fertig zu machen. Irgendwann – da kannst du sicher sein – werden die noch offenen Rechnungen beglichen.

Gespräch mit Carlos

Carlos ist 15, sein Freund Enrique 16 Jahre alt. Man sieht die beiden häufig zusammen. Carlos' nackter knochiger Oberkörper ragt aus der ausgebeulten Hose hervor, die von einem um die Hüfte geschlungenen Strick gehalten wird. Er läuft barfuß, Fußsohlen und Zehennägel sind schwarz vor Dreck.

Enrique ist ein ganzes Stück kleiner als Carlos, trägt enge Unterhosen, sonst nichts. Seine übrige Kleidung liegt frisch gewaschen und noch glänzend vor Nässe auf dem Betonboden des *patio*. Die beiden Freunde hören einander zu, einer ergänzt, was der andere vergessen hat. So sind sie voll gegenseitigem Einvernehmen. Plötzlich, während Carlos in wachsendem Zorn davon spricht, wie er verletzt wurde, umarmt ihn Enrique. Wer weiß, ob die beiden noch leben würden, wenn sie einander nicht hätten?

FRAGE: Was hast du denn hier auf der Schulter? Gleich zwei große Narben nebeneinander?

CARLOS: Zwei Typen waren das. Fast hätten sie mich umgebracht.

FRAGE: Erzähl doch mal!

CARLOS: Ich hatte einige Kartons und andere Sachen aus dem Abfall gesammelt und wollte das Zeug verkaufen. Da kamen sie an und lachten mich deshalb aus. Sie wollten, ohne einen Finger zu rühren, meine gesammelten Sachen haben, sie verscherbeln und mit dem Geld Drogen kaufen. Sie fielen über mich her und stachen mit Messern auf mich ein. Das Blut spritzte wie verrückt. Aber der Freund dort *(er deutet auf den in der Nähe stehenden Enrique)*, der hat mir geholfen: Mit zwei Fingern hat er meine beiden Wunden zugehalten, und so kamen wir zusammen zur Unfallstation, wo sie mich nähten. *(Der angesprochene Freund kommt näher und schaltet sich ins Gespräch mit ein.)*

FRAGE: Und du, hattest du keine Angst, dass sie dich auch angreifen würden?

ENRIQUE: Wo denkst du hin? Wie konnte ich meinen Freund im Stich lassen, gerade dann, als er mich am nötigsten brauchte? Sieh mal, dieser Freund verlor so viel Blut und konnte sich von alleine nicht mehr helfen. Was für ein Schreck, als es immer schlimmer wurde! Aber dem lieben Gott sei Dank, wir kamen noch rechtzeitig ins Krankenhaus.

CARLOS: Aber weißt du, diese beiden Narben, die sind noch gar nichts im Vergleich zu dieser anderen Verwundung hier. *(Er zeigt auf eine Narbe auf seinem Schulterblatt.)* Einmal als ich wieder von den Drogen völlig zugedröhnt war, legten wir uns unter einer Brücke zum Schlafen hin. Da kamen einige Kerle, mit denen wir zuvor Streit gehabt hatten, weil wir einen Teil von dem, was wir gestohlen hatten, nicht herausrücken wollten. Sie waren schon länger hinter uns her. Und als sie uns nun schlafend erwischten, schlugen sie uns fast tot. Diese tiefe Narbe hier blieb davon übrig. Drei Monate lang konnte ich kaum atmen vor Schmerzen. Wenn ich husten musste, wurde mir immer schwarz vor Augen. Vielleicht war es ja die Seele meiner Großmutter, die mich gerettet hat, denn die Typen hatten es wirklich darauf angelegt, uns umzulegen.

FRAGE: Und zu Hause, wusste deine Familie etwas von deinen Abenteuern?

CARLOS: Die hatten keine Ahnung. Dort bekam ich immer nur Schläge.

FRAGE: Warum das?

CARLOS: Wenn ich zugedröhnt nach Hause komme, mache ich immer wieder Unsinn. Es ist dann gerade so, als wenn ich verrückt wäre. Ich bin dann ganz aufgedreht, und am liebsten würde ich alles, was mir in den Weg kommt, zusammenschlagen. Vor allem, wenn du so unruhig bist, dann ist so etwas in dir drin, das danach verlangt, dass du Drogen nimmst. Du hast aber kein Geld, um dir welche zu kaufen. Dann nimmt man irgendwelche Sachen im Haus und verkauft oder verpfändet sie.

Das Allerschlimmste aber ist, wenn du später wieder nüchtern nach Hause kommst, ohne dich daran zu erinnern, was du angestellt hast. Dann empfangen sie dich, vor allem der Vater, wie ein Tiger. Er haut dir eine runter und hat keinerlei Mitgefühl und schlägt dir fast die Knochen zu Brei. Da bleibt dir gar nichts anderes übrig, als abzuhauen.

FRAGE: Wenn aber eine Zeit vergangen ist, gehst du dann wieder nach Hause zurück?

CARLOS: Klar! Man treibt ein paar Pesos oder ein Geschenk für die Mutter auf, und alles wird wieder gut.

FRAGE: Und wie kommst du an das Geld?

CARLOS: Indem ich in einer der Werkstätten hier in der Umgebung helfe. Ich weiß viel von diesen Dingen. Ich bin Fachmann für Mechanik. Wenn man so heruntergekommen ist wie ich, dann nutzen einen die Leute aus. Aber ich werde mich schon nicht unterkriegen lassen.

Gespräch mit Juan Carlos

Juan Carlos haben seine Freunde den Spitznamen »Tirofijo« verpasst, was so viel bedeutet wie »Sicherer Schuss« (benannt nach dem derzeit berühmtesten kolumbianischen Guerillero, einem Mitglied der FARC). Mitten in der Nacht, als er unter einer Brücke schlief, wurde auf ihn geschossen. Die Kugel durchbohrte seine Nase und verletzte dabei einen Sehnerv. Nun droht Juan Carlos zu erblinden. Er ist etwa 13 Jahre alt, schmächtig, hat schwarzes, glattes Haar und eine leicht dunkle Haut. Seit er nur knapp dem Tod entronnen ist, fühlt er eine beständige Unruhe und Ängstlichkeit. Regelmäßig erscheint er im Patio Don Bosco. Längst hat er die nötige Zeit dort verbracht, um ins Programm zur Resozialisierung aufgenommen zu werden. Aber will er das wirklich? Er hat diesen Schritt bereits einmal gewagt, aber dann überkam ihn nach wenigen Tagen der unwiderstehliche Drang auszubrechen. Lässt er den Drogenkonsum sein, dann packt ihn kurz darauf wieder das Verlan-

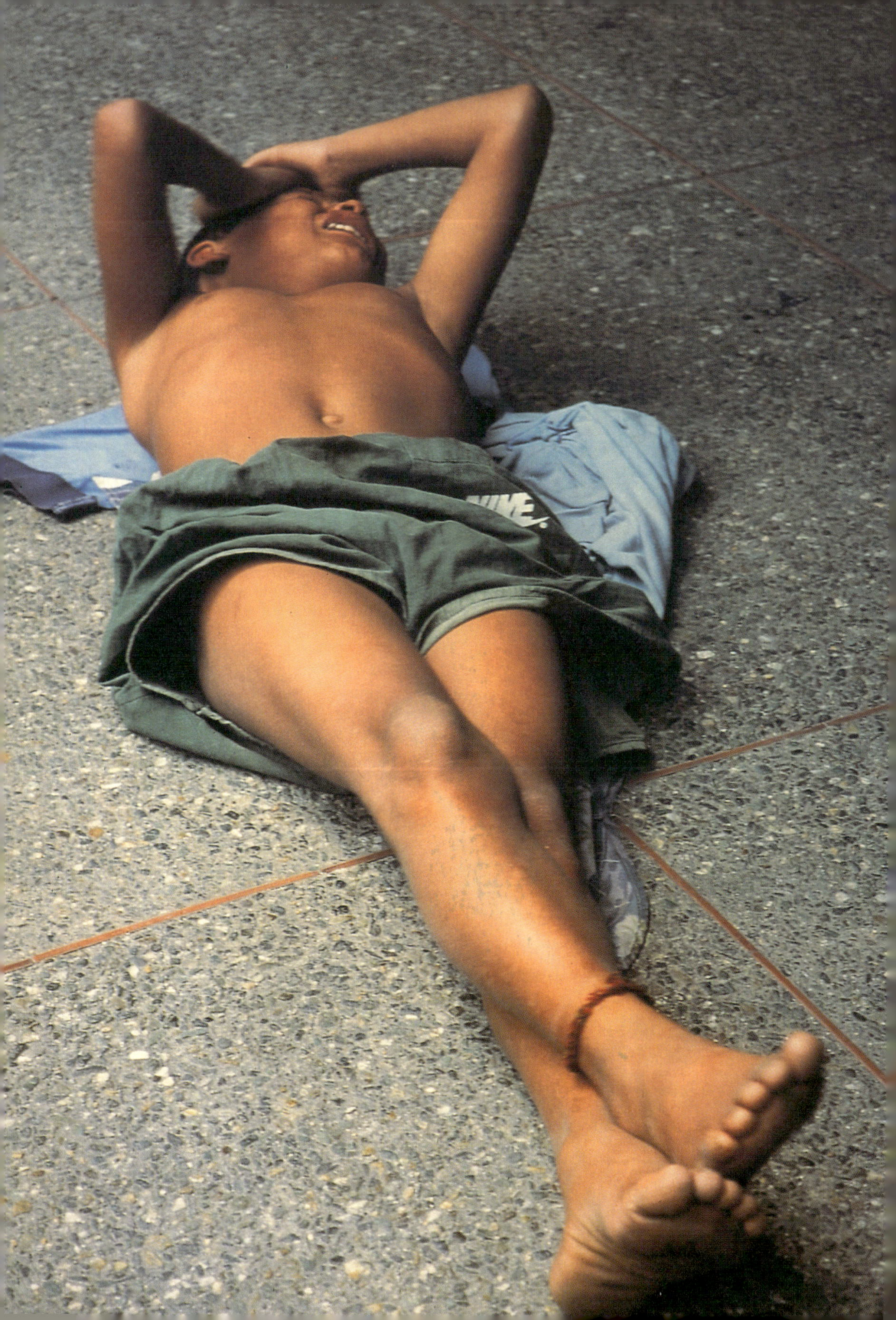
NIKE

gen danach, und er wird rückfällig. Auf der Straße hat Juan Carlos viele Freunde. Bliebe er im »Programm«, so würde er den Kontakt zu ihnen verlieren.

S. 88: JUAN CARLOS, DAS LEIDEN UNTER DEM DROGENENTZUG

FRAGE: Warum spielst du nicht mit den anderen?

JUAN CARLOS: Siehst du nicht, dass ein paar Typen mir einen Schuss verpasst haben? Hier auf der einen Seite in die Nase hinein und auf der anderen Seite wieder raus. Der Arzt sagt, dass ich blind werden kann und dass ich unbedingt eine Operation brauche, um das Auge nicht zu verlieren.

FRAGE: Und warum haben sie dir das angetan?

JUAN CARLOS: Ich weiß nicht. Ich habe auf der Straße übernachtet, und als ich schlief, kam so ein Kerl und hat auf mich geschossen. *(Einige Jungen kommen näher und hören der Unterhaltung zu. Frederico mischt sich ins Gespräch ein und sagt:)*

FREDERICO: Das, was ihm passiert ist, das kommt immer wieder vor. Er kann froh sein, dass sie ihn nicht umgebracht haben.

FRAGE: Wieso denn das? Erzähl doch mal.

FREDERICO: Es gibt Kerle, die wollen ihre Waffen testen, und probieren sie einfach an denen aus, die nachts auf der Straße schlafen. Obwohl sie mit denen überhaupt nichts zu tun haben und sie nicht einmal kennen, schießen sie einfach drauflos, auf jeden. Es gibt auch Typen, die wollen beweisen, wie mutig sie sind und wie einfach sie andere umbringen können. Deshalb schießen sie auf Leute, die sie zuvor noch nie gesehen haben.

GESPRÄCH MIT JORGE

Jorge, etwa 10 Jahre alt, stammt aus den Cuevas[19], einer der düstersten Gegenden Medellíns, wenige Straßen vom Patio Don Bosco und der Plaza La Manga entfernt. Dort hausen die Ärmsten der Armen. Kein Fremder hat Zugang, und selbst die Polizei lässt sich normalerweise dort nicht blicken. Nun

19 Höhlen

aber hat kürzlich die Stadtverwaltung brutal zugegriffen. Mit Gewalt wurden die Menschen auf Lastwagen verladen und in die Außenbezirke der Stadt geschafft. Nach einiger Zeit kehrten die Vertriebenen aber wieder zurück. Die Eingänge zu den Cuevas sind seither versperrt. Nun lungern sie auf den Grünstreifen der Autoschnellstraße am Rio Medellín und in den Parks im Zentrum herum. Dort ist auch Jorges neues Zuhause, das er mit vielen anderen Kindern und Jugendlichen teilt. Seine kleine Gestalt steckt in viel zu langen, schmutzigen Hosen. Darüber trägt er ein weites Hemd, unter dem seine linke Hand verschwindet, mit der er auf Brusthöhe die Kleberflasche hält, als wolle er sie verbergen, und doch schnüffelt er dauernd daran. Jorge ist blass, die Augenlider fallen ihm wie unter der Last großer Müdigkeit fast zu. Er redet wie in Trance, und seine Bewegungen sind verlangsamt.

FRAGE: Hallo! Wo gehst du denn hin?

JORGE: Mittagessen holen.

FRAGE: Aber es ist doch schon vier Uhr nachmittags?

JORGE: Dort, wo ich das Essen hole, spielt das keine Rolle. Es ist eigentlich auch nicht für mich, sondern für einen Bekannten. Der gibt mir dann etwas davon ab.

FRAGE: Und warum holt er es sich nicht selbst?

JORGE: Weil er sich hier nicht mehr blicken lassen kann. Die haben hier eine Rechnung mit ihm offen.

FRAGE: Wie denn das?

JORGE: Na ja, er hat einen anderen Typen überfallen und ihm etwas weggenommen. So ist es zum Streit gekommen, und der andere ist dabei verletzt worden. So etwas regelt sich nicht von selbst. Wenn man nicht will, dass sie einen umlegen, muss man halt verschwinden. Sieh mal, mich haben sie auch einmal erwischt *(er zieht sich das Hemd über die Schultern, und eine tiefe Narbe wird sichtbar).*

FRAGE: Wie kam es denn dazu?

JORGE: Das passierte, als ich ein paar schöne Geldscheine zusammengebracht hatte. Das Dumme war nur, dass ich damals noch ziemlich viel Schiss hatte. Da packten mich so ein paar Typen, die eigentlich meine Freunde waren, und vermöbelten mich. Wir haben uns gegenseitig ordentlich zugerichtet. Aber sie waren in der Überzahl, und so machten sie mich fertig. Aber ich habe es ihnen nicht leicht gemacht und auch ordentlich ausgeteilt. Dann musste ich mich eine Zeit lang verdrücken, um nicht wieder zusammengeschlagen zu werden.

FRAGE: Und dieser blaue Fleck da am Knie, was ist damit?

JORGE: Hast du nicht gehört, was dieser Tage in den Cuevas passiert ist? Als die Polizei anrückte und uns festnehmen wollte, sind wir losgerannt, um nicht Bekanntschaft mit ihren Schlagstöcken zu machen. Ich lief, so schnell ich konnte, aber weil ich an dem Tag von den Drogen total zugedröhnt war, stolperte ich, fiel hin und schlug mir das Knie auf. Aber das ist noch gar nichts! Schau mal, hier, das ist viel schlimmer. *(Er zeigt auf eine tiefe Narbe am Schienbein.)* Die Narbe stammt davon, als ich eines Tages ein T-Shirt gestohlen habe, das die dort verkaufen *(er zeigt auf die Händler auf der anderen Straßenseite)*, und damit abgehauen bin. Dabei hat mich ein Motorrad böse erwischt.

FRAGE: Und der Verkäufer des Hemdes, was tat der?

JORGE: Keine Ahnung. Die Leute standen im Kreis um mich herum, als ich so auf der Straße lag, und brachten mich dann zur Unfallambulanz. Hinterher habe ich lange gehinkt. Aber Gott sei Dank ist es heute wieder in Ordnung.

FRAGE: Und diese Narben da an deinem Arm und Hals?

JORGE: Die stammen aus der Zeit, als ich noch ein kleines Kind war. Meine Mutter machte *empanadas*[20] auf der Straße in dem Viertel, wo wir lebten, dort oben in den Comunas *(er zeigt mit einer Handbewegung in Richtung Nordosten der Stadt)*. Meine Mama musste Geld beschaffen, weil der Typ, mit dem sie zusammenlebte, nichts taugte. Ich habe von ganz klein auf Sachen in den öffentlichen Bussen verkauft, um meiner Mutter zu helfen. Aber dabei bin ich auf die schiefe Bahn geraten. Ich habe angefangen, Drogen zu nehmen, und bin nach Hause gekommen mit gar nichts mehr in der Tasche. Meine Mutter hat mich dann geschlagen und gesagt, dass ich mich mit leeren Händen nicht mehr blicken zu lassen bräuchte. Da musste ich die Nacht auf der Straße verbringen. Ich habe bald Freunde gefunden und gelernt, wie man dort überlebt. Man gewöhnt sich ja an alles.

---

20 Teigtaschen, gefüllt mit Kartoffeln und Fleisch

FRAGE: Seit dem Tag bist du nicht mehr nach Hause zurückgekehrt?

JORGE: Doch. Wenn es mir gut geht und ich etwas Geld habe, schaue ich mal vorbei.

Gespräch mit Wilson

Wilson trägt stets eine Mütze. Er zieht sie so weit ins Gesicht hinein, dass man seine Augen nicht richtig sehen kann. Überhaupt blickt er sein Gegenüber fast nie direkt an. Das hängt damit zusammen, dass er ein Glasauge hat. Das Augenlid darüber hängt herab. Wilson meidet den Kontakt zu den anderen. Meist sitzt er auf einem alten Gummireifen in einer Ecke des Hofes und lässt seinen breiten Körper etwas vornüberhängen. Das Sprechen fällt ihm nicht leicht. Seine Rede ist – genauso wie die Bewegung seiner Arme – langsam, vorsichtig, tastend. Auf Fragen antwortet er zunächst nur einsilbig. Aber nach kurzer Zeit ändert sich das. Zumal wenn die Rede auf die zahlreichen Narben seines Körpers kommt. Er erwacht, lächelt manchmal, und dann erzählt er immer ausführlicher.

FRAGE: Was ist dir denn da am Auge passiert?

WILSON: Das ist eine Infektion. Aber ich war schon beim Arzt, und der hat mir Tabletten gegeben.

FRAGE: Du musst gut auf dich aufpassen.

WILSON: Klar. Ich hab ja nur noch ein Auge. Das andere ist aus Glas.

FRAGE: Wie hast du es verloren?

WILSON: Ich wollte einen Sprengsatz auf einige Typen werfen, die uns immer angemacht hatten. Der ist aber zu früh explodiert. Schau mal, wie mein ganzer Körper zugerichtet ist. *(Er zieht das Hemd aus. Bauch, Arme, Nacken sind voller Narben. Zahllose Splitter sind in den Körper eingedrungen.)*

FRAGE: Und du weißt, wie man so etwas bastelt?

WILSON: Das haben sie mir schon als Kind beigebracht. Ich gehörte zu einer Bande. Als Pablo Escobar[21] noch lebte, ging es uns prima. Aber als

---

21 Boss der Drogenmafia in Kolumbien, 1993 von einer Spezialeinheit erschossen

sie ihn umbrachten, hat sich alles zum Schlechten gewendet. Wir gammelten nur noch auf der Straße herum, nahmen Drogen und schlugen uns die Zeit um die Ohren. Aber diese Typen von Alvaro Uribe[22], die die Jugendlichen reintegrieren sollen, die schauten uns schief an, und immer wenn wir ihnen über den Weg liefen, griffen sie uns an. Dann mussten wir uns aus dem Staub machen. Wir überlegten, wie wir ihnen eine Falle stellen konnten. Wir wollten sie mit dem Sprengsatz zur Hölle schicken. Dann aber ist mir und einem anderen Kameraden das Zeug in der Hand explodiert, und wir wurden schlimm verletzt.

FRAGE: Wo ist das passiert?

WILSON: Im Barrio Andalucía[23].

FRAGE: Wohnt dort deine Familie?

WILSON: Ja. Aber ich musste verschwinden. Wenn ich mich dort sehen lasse, bringen mich die Milizen um.

Gespräch mit einem unbekannten Jungen

Der etwa zwölfjährige Junge, dessen Namen wir nicht kennen, ist heute erstmals im Patio Don Bosco erschienen, und er wird später dort auch nicht mehr auftauchen. Er hat sich auf einer Treppenstufe ausgestreckt und räkelt sich entspannt, halb wachend und halb schlafend, in der Mittagswärme. Schließlich richtet er sich etwas auf, gähnt und schaut interessiert auf das Treiben der anderen. Er ist ein sympathischer, gut aussehender Junge. Bereitwillig lässt er sich auf das Gespräch ein. Seine Augen leuchten, wenn er von seinen Reisen erzählt.

---

22 Mit dem liberal orientierten und als besonders integer geltenden Alvaro Uribe Vélez, früher Gouverneur, haben die Kolumbianer im Mai 2002 einen neuen Staatspräsidenten gewählt, von dem sie sich ein entschiedenes Vorgehen gegen die Gewalt im Lande erhoffen, aber auch eine Reform der staatlichen Einrichtungen sowie die Fortführung der unter Andrés Pastrana begonnenen wirtschaftlichen Konsolidierung.

23 ein Viertel in den Slums der Stadt

FRAGE: Du bist so schön braun gebrannt. Warst du weg in den Ferien?

JUNGE: Ja, in Cartagena[24].

FRAGE: Wie bist du denn dorthin gekommen?

JUNGE: Es ist nicht schwer zu erfahren, wo die Lastwagen vorbeikommen, die zur Küste fahren. Wenn sie an der Mautstelle Halt machen, kann man leicht hinten aufspringen.

FRAGE: Wie hast du erfahren, welche Strecke die Lastfahrer nehmen und wie man aufspringt, ohne dass es die Fahrer merken?

JUNGE: Wenn man klein ist, hört man den älteren Typen zu, wenn sie von ihren Abenteuern erzählen, wie sie nach Cartagena gefahren und dort ans Geld gekommen sind. Man hat Lust aufs Reisen, und dann hängt man sich einfach an die, die schon dort waren. Später schafft man das auch ohne Hilfe anderer.

FRAGE: Und die Fahrer sagen nichts, wenn ihr auf ihre Lastwagen aufspringt?

JUNGE: Was glaubst du wohl! Wenn die uns bemerken, dann schlagen sie zu und lassen uns natürlich nicht weiterfahren. Die haben Angst, dass wir sie beklauen.

FRAGE: Wenn ihr euch versteckt, wie haltet ihr es die ganze Fahrt über ohne Essen aus?

JUNGE: Wir springen vom Wagen herunter, kurz bevor er unterwegs stoppt. Die Fahrer halten an Restaurants an. Dort können wir betteln. Wir sagen, dass wir Hunger haben. Fast immer bekommen wir irgendetwas, vor allem von den Frauen, die dort kochen. *(Während der Junge erzählt, reckt und streckt er sich, und dabei wird unter dem Hemd eine ziemlich frische Narbe sichtbar.)*

FRAGE: Was ist dir denn hier passiert?

JUNGE: Das war am Freitag letzter Woche. Da hat mich so ein Kerl von hinten erst angerempelt und dann zugestochen.

FRAGE: Zugestochen?

JUNGE: Ja.

FRAGE: Und wie?

JUNGE: Mit einem Taschenmesser.

---

24 Kolonialstadt an der Karibik

FRAGE: Warum denn das?

JUNGE: Wegen einer Flasche Kleber. Er dachte, ich würde seinen Kleber klauen. Aber das war gar nicht so. Irgendwann werde ich ihn erwischen und es ihm heimzahlen.

FRAGE: Meinst du nicht, es wäre besser, diese Sache auf sich beruhen zu lassen?

JUNGE: Nein, er würde mich weiter bedrohen. Ich habe doch keine Angst vor dem. Aber diese Narbe ist noch gar nichts im Vergleich zu dieser anderen hier, die sie mir mit einer Flasche beigebracht haben, als ich einmal einen Streit hatte wegen irgendwelcher Missverständnisse. *(Er macht den Bauch frei und fährt mit dem Finger die Konturen auf der Haut nach.)* Fast wäre ich dabei gestorben. Es wurde mir ganz schwarz vor Augen, aber der liebe Gott hat mich gerettet. Und hier, schau mal, hier habe ich noch eine Narbe, die hat mir ein Straßenhändler verpasst, als ich ihm ein paar Äpfel klauen wollte. Aber die paar Kratzer sind nicht der Rede wert.

FRAGE: Und die Narbe da auf deiner Stirn?

JUNGE: Als ich klein war, ist einmal die Schaukel gerissen, das ist alles. Auch die hier *(er zeigt aufs Kinn)* stammt aus meiner Kindheit: Da bin ich von einem Mangobaum heruntergefallen, als ein Ast gebrochen ist. Ich wollte Mangos im Garten eines Nachbarn klauen, ohne dass er es merken sollte. Aber der führte sich furchtbar auf und schrie, sie sollten mich packen.

FRAGE: Wo hast du gewohnt?

JUNGE: In Santa Bárbara[25].

FRAGE: Und warum bist du hierher gekommen?

JUNGE: Mein Vater hat meiner Mama das Leben schwer gemacht. Er ist ein ziemlicher Weiberheld. Wenn er betrunken nach Hause gekommen ist, hat er uns geschlagen, und er hat meine Mutter und die ganze Welt beschimpft. Etwas zum Essen hat er uns nicht gebracht. Was er verdiente, hat er versoffen.

FRAGE: Und wie bist du nach Medellín gekommen?

JUNGE: In Santa Bárbara fahren viele Lastwagen ab, die Früchte und Gemüse zum Markt Las Minoristas bringen, und da habe ich mich drangehängt.

FRAGE: Als du hier ankamst, was hast du getan?

---

25 Slumviertel in Medellín

JUNGE: In der Gegend des Marktes habe ich mich von einem zum anderen Tag durchgeschlagen, und dann habe ich zum Glück Freunde gefunden.

FRAGE: Nimmst du Drogen?

JUNGE: Wenn du nicht vor Hunger sterben, die Nacht überleben und dich nicht von diesen Typen fertig machen lassen willst, die sich so stark vorkommen, dann lernst du das schnell.

FRAGE: Am Tag, als du hier ankamst, wie war das eigentlich?

JUNGE: Ein Scheißtag! Wenn du Hunger hast, dann schämst du dich zu betteln. Kein Mensch ist freundlich zu dir, und man weiß auch nicht, was man tun kann und wohin man gehen soll. Aber nach ein paar Tagen trifft man Leute, mit denen man reden kann, und man begegnet ihnen dann immer wieder. Man ist mit ihnen zusammen, gewinnt Vertrauen, wird von ihnen eingeladen, dahin oder dorthin zu gehen. Sie stellen dich ihren Freunden vor und beziehen dich in ihr Leben ein. So übernimmt man von ihnen dieselben Verhaltensweisen und lernt auch, Drogen zu nehmen.

Die Gespräche mit den Straßenkindern geben Einblicke in ihre Lebenswelt. Es fällt nicht schwer, sich ihnen zu nähern. Gelegenheiten für eine Kontaktaufnahme gehen oft von irgendeiner Auffälligkeit ihres äußeren Erscheinungsbildes aus; ein blauer Fleck am Knie, ein entzündetes Auge, ein eingegipstes Bein, ein verkrüppelter Arm oder eine sichtbare Narbe oder Wunde sind Gesprächsanlass genug. »Tut es dir weh?« Straßenkinder lassen sich gerne auf solche Fragen ein. Sie antworten bereitwillig auf Fragen nach ihrem Befinden (»Warum spielst du nicht mit und siehst so traurig aus?«) oder ihrer augenblicklichen Beschäftigung (»Wo gehst du denn hin?«). Selbst der neue Haarschnitt oder eine auffallend frische Hautfarbe (»Warst du in den Ferien?«) eignen sich als Einstieg in ein Gespräch.

Vor allem sind es ihre Narben, über die sie gerne sprechen. Straßenkinder haben meist nicht nur eine, sondern gleich mehrere Verwundungen vorzuweisen. Sie selbst sind es, die auf ihre Verletzungen zu sprechen kommen

S. 98: Erste Tage auf der Strasse

S. 99: Ältere Strassenbewohner, von der Gesellschaft abgeschrieben

und von einer auf die andere verweisen: »Und schau mal, da ist noch eine Narbe.« oder »Das ist noch gar nichts im Vergleich zu dieser Narbe hier.« oder »Die hier ist noch viel schlimmer.« Neben den äußeren Merkmalen kommt man schnell auch auf deren Ursachen: »Was ist dir denn passiert?« So kommen Erfahrungen und Erlebnisse zur Sprache, die Straßenkinder beschäftigen, die sie prägten und ihr Leben zukünftig bestimmen. Einer von ihnen hatte einen Verkehrsunfall, ein zweiter ist mit einer zerbrochenen Flasche verletzt worden, bei einem dritten sind die Folgen eines Schlangenbisses sichtbar und bei einem vierten die Spuren einer Messerstecherei oder eines Pistolenschusses.

Der Blick auf die Narben ruft Erinnerungen an längst vergangene Tage wach, an die Eltern und die frühere Kindheit. »Als ich noch ganz klein war …« Ein Junge erinnert sich an seine Mutter, wie sie damals *empanadas* zubereitete, um sie dann auf der Straße zu verkaufen. Ein anderes Kind denkt an die Schaukel vorm Haus, ein anderer an das Obst im Garten des Nachbarn, auf die er es abgesehen hatte. Einer der Jugendlichen geht noch weiter zurück: »Bevor ich geboren wurde und noch im Bauch meiner Mama war …«

Wer sich mit Straßenkindern unterhält, erfährt auf diese Weise vieles über ihr vergangenes Leben, vor allem aber über das in der Gegenwart. Sie sprechen über die Zeit, als sie noch zu Hause lebten, und weshalb sie ausgerissen sind, über ihr jetziges Dasein auf der Straße, über das Leben in der Gruppe und über Freundschaften und Beziehungen. Die Berichte der Kinder sind Zeugnis für mehr als das, was man als Beobachter selbst wahrnimmt und miterlebt.

Nachts unterwegs

Es ist schon gegen Mitternacht, und nur noch wenige Menschen sind auf den Straßen unterwegs. Das Stadtzentrum Medellíns ist fast ausgestorben. Nur dort, wo noch Cafés und Restaurants geöffnet sind, sieht man einige Menschen. Um sie herum huschen kleine Kinder in der Hoffnung, den Erwachsenen ein paar Pesos zu entlocken. Einige andere liegen an eine Häuserwand gekauert, und wenn jemand vorbeikommt, strecken sie automatisch die Hand aus und betteln: »Mir ist so kalt, ich habe Hunger, bitte, nur eine Münze.« Carlos, 13 Jahre alt, ist vor vier Jahren von zu Hause ausgerissen. Er stammt aus Apartadó, der Hauptstadt von Urabá, einem Gebiet im tropischen Nordwesten Kolumbiens gelegen, in dem hauptsächlich Bananen angebaut werden.

Eigentlich ist es schon viel zu spät, und keines der Kinder sollte mehr auf der Straße sein. Es herrscht bereits Sperrstunde, aber wer sollte sie vertreiben und vor allem wohin? »Die Kinder«, sagt eine Straßenverkäuferin, die auf letzte Kundschaft hofft, »sind in Wirklichkeit nicht hinter Essbarem her. Wenn man ihnen etwas zu essen anbietet, werden sie böse. Sie brauchen Geld für Drogen. Wenn sie ein paar Pesos zusammenhaben, laufen sie los. Da gibt es ein Haus in der Amadorstraße, dort decken sie sich mit *basuco*[26] oder *pegante* ein. Wenn sie dort wieder herauskommen, haben sie eine Zigarette im Mund. Die *chi*, wie sie diese nennen, wollen sie ganz für sich haben, davon teilen sie nichts. Wenn ihnen jemand zu nahe kommt,

26 Rauschgift, ein Zwischenprodukt bei der Herstellung von Kokain

PRODUCTOS
TL 5134100/01 SERVICIO A

ziehen sie gleich ein Messer. Jeder dieser Kleinen trägt immer ein Messer bei sich.«

Das allnächtliche Straßenbild: herumlungernde, bettelnde, sich streitende und Marihuana rauchende Kinder. Carlos balgt sich mit Eliana herum, ein Mädchen von neun Jahren. Vor etwa zehn Monaten ist sie mit ihren Eltern in die Stadt gekommen, vertrieben vom Land, von ihrer kleinen Finca. »Fast jeden Tag kommt ihre Mama vorbei und verschwindet dann wieder«, sagt die Straßenverkäuferin. »Das ist traurig. Sie schlägt die Kleine und nimmt ihr alles Geld ab. Das Mädchen muss schlimm leiden hier auf der Straße.« Etwas weiter entfernt, Kreuzung Ost-Avenida mit Boliviastraße, spielt sich gleichzeitig ein anderes Drama ab. Für ein paar Pesos kann man an dieser Ecke kleine Mädchen kaufen. Es spielt keine Rolle, dass sie noch minderjährig sind. Viele sind vielleicht 15 Jahre alt, aber es gibt auch Mädchen unter ihnen von 11 und 12 Jah-

ren.[27] Die Besitzer der nahe liegenden Hotels in der Umgebung stellen gerne ihre Zimmer zur Verfügung. In den Pausen, während die Kinder auf den nächsten Freier warten, schnüffeln sie unablässig *pegante* aus ihren Flaschen. Die Polizei ist machtlos. Was sollte sie auch tun? Es gibt ganze Scharen von Mädchen, die der Prostitution nachgehen und Drogen konsumieren. »Wir haben keinen Platz für sie«, sagt ein Polizist. »Bestenfalls könnten wir die Erwachsenen festnehmen, die sich mit Minderjährigen einlassen. Aber das wäre schon alles.«

Was jedem Besucher im Straßenbild südamerikanischer Städte auffällt, sind die vielen Kinder. Während die Länder Europas zunehmend »vergreisen«, zeugen die Lateinamerikaner Nachwuchs nach Herzenslust. Mehr als die Hälfte der Kolumbianer sind Kinder unter 15 Jahren. Von diesen lebt die

27 Vgl. El Colombiano, 27. März 2002, S. 4c.

Hälfte unter der absoluten Armutsgrenze, und von ihnen wiederum sind 50 Prozent unterernährt.[28] Die Kinder gehören zu den Scharen marginalisierter Straßenbewohner, die die südamerikanischen Metropolen bevölkern: Straßenverkäufer, Prostituierte, Transvestiten, verarmte Alte, Kriminelle, Drogenhändler und Müllsammler. Viele von ihnen sind Vollwaisen. »Meine Mama«, erzählt María, »ist gestorben, und der Stiefvater fing an, mich zu schlagen. Da lief ich weg, auf die Straße.«

Die meisten Straßenkinder sind unterernährt, zu klein gewachsen für ihr Alter und weisen gravierende Entwicklungsmängel auf. Ihre kognitiven wie emotionalen Fähigkeiten sind zurückgeblieben, was nicht minder mit dem Drogenkonsum und den Erfahrungen der frühen Kindheit zusammenhängt. Häufig sind Straßenkinder hyperaktiv und unfähig, sich zu konzentrieren. Sie reagieren übermäßig impulsiv und aggressiv. Nicht wenige leiden unter starken Depressionen. Viele mussten mit ansehen, wie ihre Angehörigen verschleppt und getötet wurden. Um die psychischen Probleme der Opfer von Gewalt und Vernachlässigung kümmert sich niemand. Über ihre Traumata spricht keiner mit ihnen.

Die Familie verlassen

Der vierzehnjährige Yeison ist ein hübscher Junge, dem man seine »Straßenkarriere« nicht ansieht. Er stammt aus Cartagena, der Hafenstadt im Norden Kolumbiens, und hat dort die erste Klasse der Grundschule besucht, dann aber die Schule abgebrochen. Eines Tages ist er ausgerissen und auf einem Lastwagen versteckt bis nach Medellín gefahren. Sein Vater lebt angeblich noch, aber Yeison kennt ihn nicht. Er weiß nicht einmal, wie sein Vater heißt. Seine Mutter lebt mit einem anderen Mann zusammen. Der Stiefvater hat Yeison oft geschlagen. Eines Tages hatte er genug davon, machte sich aus dem Staub, und so kam er in die Stadt. Er erinnerte sich, dass in Medellín ein Onkel lebte. Bei ihm klopfte er an. Aber der wollte nichts von Yeison wissen. Er solle sich davonmachen, sagte der Onkel. So landete der Junge auf der

28 Vgl. Luz Stella Grisales Madrigal/Victor Barrientos: Del gamin al nino de la calle, Medellín 2001, unveröffentlichtes Manuskript.

Straße. Anfangs schlief er nachts kaum, hatte Hunger und fror. Aber mit der Zeit gewöhnte er sich daran. Er fand Freunde, und das Slumviertel Guayaquil in Medellín wurde zu seiner neuen Heimat.

So oder ähnlich beginnt für viele Kinder die Existenz auf der Straße. Die Gründe, von zu Hause auszureißen, sind so vielfältig wie das Leben in diesem Land. Ausnahmslos alle Straßenkinder stammen aus Familien, denen es wirtschaftlich schlecht geht. Die meisten Kinder haben noch zahlreiche Geschwister. Zu Hause teilten sie gewöhnlich den engen Wohnraum mit weiteren Angehörigen und Untermietern. Nicht selten bewohnen zwölf bis vierzehn Personen ein einziges Zimmer. So karg wie die Wohnverhältnisse sind, so ähnlich dürftig sind die sanitären Einrichtungen und die Küche, wenn überhaupt vorhanden. Für Tische, Schränke und Stühle ist kein Platz vorhanden, so dass sich das Leben nach draußen auf die Straße verlagert. Das Bildungsniveau der Eltern ist meist sehr niedrig. Im besten Fall haben sie vielleicht ein paar Jahre der Primarausbildung absolviert und dann die Schule abgebrochen. *Machismo*[29] bestimmt die Rollen in den Familien, sozial und sexuell. Das Verhältnis der Eltern untereinander sowie zwischen den Kindern und Eltern, insbesondere dem Stiefvater und den Kindern, ist von latenter und exzessiver Gewalt bestimmt. Sexuelle Aggression und körperliche Züchtigung gehören zum Alltag.

Auf welche Art und Weise die Kinder das Leben zu Hause empfunden und erlebt haben, vermitteln die wiedergegebenen Gespräche. »Ich habe mich dort nicht wohl gefühlt.« Sie wurden beschimpft, herumkommandiert und hatten ständig Angst vor Schlägen. Bei Gesprächen mit Straßenkindern stellt sich immer wieder heraus, dass sie fast alle, wenigstens 80 Prozent von ihnen, wegen körperlicher Züchtigungen von zu Hause ausgerissen sind.[30] Sie fühlten sich vernachlässigt und ausgenutzt. »Meine Eltern haben mich hart geschlagen.« – »Bei mir zu Hause wollte mich keiner sehen.« – »Keiner hat mich unterstützt oder mir geholfen.« Es mangelte an emotionaler

29 eine Art »Männlichkeitswahn«

30 Vgl. zum Beispiel Camara de Comercio de Bogotá (Hg.): Habitantes de la calle. Un estudio sobre la calle de El Cartucho en Santa Fé de Bogotá, Bogotá 1997.

Zuwendung. »Meine Eltern haben nie mit mir gesprochen.« Die Erwachsenen haben keine Ahnung von dem, was ihre Kinder seelisch bewegt. Hilflos und aggressiv reagieren sie auf Problemsituationen wie Diebstähle und Drogenkonsum ihrer Kinder. Schläge ersetzen Erziehung. Vätern, und insbesondere den Stiefvätern, mangelt es meist an jeglichem Verständnis. Besonders stark leiden die Kinder unter den zerrütteten Beziehungen ihrer Eltern. Die Väter trinken, schlagen ihre Frauen, bringen ihre Familien bei den Nachbarn in Misskredit und vernachlässigen ihre wichtigste Aufgabe, nämlich für den Lebensunterhalt und die Sicherheit ihrer Angehörigen zu sorgen. Stattdessen stellen sie anderen Frauen nach und sind nur unregelmäßig zu Hause anzutreffen. Unzählige Straßenkinder müssen ganz ohne Väter aufwachsen, weil viele von ihnen getötet wurden oder sich angesichts der aussichtslosen sozialen Lage ihrer Familien aus dem Staub gemacht und ihre Angehörigen wortlos zurückgelassen haben. So mussten die Mütter unfreiwillig die Rolle des Familienoberhauptes übernehmen. Stets auf Beschäftigungssuche, sind sie permanent überfordert und selten präsent.

Die zwischenmenschlichen Beziehungen in den Vierteln der Armen sind ausgesprochen konfliktträchtig. Man spricht kaum miteinander und wenn, dann selten in ganzen Sätzen. Stattdessen überwiegt das Geschrei, zumal wenn einer etwas vom anderen fordert oder sein Missfallen ausdrückt. Ständig herrscht eine gewaltbereite Atmosphäre und ein rauer Umgangston. Kinder werden, wenn sich überhaupt jemand um sie kümmert, beschimpft und zurechtgewiesen. Es verwundert nicht, dass viele Kinder diesem Elend zu entfliehen versuchen. Die Straße ist ihnen Verlockung und verspricht obendrein Abenteuer und Befreiung von der bedrückenden Armut und Perspektivlosigkeit. Zumindest glauben sie, es dort besser zu haben als zu Hause.

Die meisten Kinder sind, wenn sie auf der Straße landen, zwischen sieben und zehn Jahre alt. Für viele von ihnen ist die Flucht vor den Eltern auch ein Akt des Protestes. Sie sind einfach nicht mehr bereit, alles widerstandslos hinzunehmen. Mag die Straße auch noch so gefährlich sein, sie erscheint ihnen doch als die bessere Alternative. In den seltensten Fällen erfolgt der Auszug von zu Hause auf die Straße abrupt, d. h. von einem auf den anderen Tag. Die meisten Kinder halten sich anfangs nur kurzfristig und vorübergehend dort auf. Die erste Nacht bleibt den Ausreißern oftmals für immer in traumatischer Erinnerung. Sie fühlen sich von aller Welt verlassen, einsam und völlig orientierungslos. Es fehlt ihnen häufig am Allernötigsten. Wegen des eigenen Hungers zu betteln, bereitet ihnen anfangs Scham. Mehr und mehr finden sie sich dann mit den Gepflogenheiten auf der Straße ab. Sie verlängern ihre Ausflüge und gewöhnen sich zunehmend an die neue Umgebung, finden Anschluss und immer mehr Gefallen an Freiheit und scheinbarem Abenteuer. Schließlich kehren sie ihrem Elternhaus endgültig den Rücken und lassen sich zu Hause überhaupt nicht mehr blicken. Nicht selten folgen die jüngeren Kinder ihren älteren Geschwistern auf die Straße nach. Die Eltern sind zwar erschrocken darüber und fühlen sich schuldig, schauen aber oft nur tatenlos zu, weil sie längst resigniert haben. Manche Mutter, deren Kind abhanden gekommen ist, lässt es einfach dabei bewenden: »Sie haben es mir entführt.«

In der Spielzeugabteilung des Kaufhauses Exito im Zentrum Medellíns werden jede Woche Kleinkinder aufgefunden, die von ihren Müttern ausgesetzt und nicht wieder abgeholt worden sind. Trotz aller deprimierenden Erfahrungen zu Hause verspüren Straßenkinder eine große Sehnsucht nach den Eltern, meist nach der Mutter. Aber zurückkehren zu ihren Familien, diesen Schritt würden sie trotzdem nicht mehr wagen. Dort würde, und das wissen sie genau, nur wieder das alte Elend mit Schlägen, Lieblosigkeit, Ausbeutung und vielem mehr auf sie warten.

Die wenigsten Straßenkinder können sich ausweisen; persönliche Papiere besitzen sie nicht. Damit sind sie für den Staat eigentlich nicht existent, der Gemeinschaft nicht zugehörig, und können von den sozialen Diensten und Angeboten auch nicht profitieren. Jeder muss selbst zusehen, wie er sich durchschlägt. Sie schlafen in den Eingängen von Läden, Kinos und öffentlichen Gebäuden, unter kleinen Überdachungen und in den Kabinen der Geldautomaten. Dort wo die Grenze zwischen Privatsphäre und Öffentlichkeit verwischt, müssen die Straßenkinder nicht nur arbeiten, Geld verdienen und schlafen, sondern auch ihre Sexualität befriedigen und ihre Toilette notdürftig verrichten.

Auf der Straße zu überleben, das bedeutet, sein Leben auf eigene Gefahr zuzubringen. Das Risiko trägt jeder für sich allein. Es ist ein Leben in ständiger Nähe zum Tod, eine zerbrechliche Existenz. Straßenkinder leben in

S. 109: Erica mit ihrem Bauchladen

dauernder Angst, jede Nacht rückt sie ihnen nahe. Die meisten sind irgendwann einmal mit dem Tod in Berührung gekommen. Viele haben Verwandte, Bekannte und Freunde verloren, die von Todesschwadronen, Guerilleros oder anderen Kriminellen ermordet wurden. Wer sollte ihnen in der Not beistehen? Auf die Frage, wer oder was ihnen gegen die Angst hilft, nennen nur ganz wenige Gott oder die Religion. Stattdessen setzen sie auf die Wirkung von Drogen. Ohne *pegante, basuco* oder Marihuana könnten sie nicht überleben. Am meisten befürchten die Kinder, Opfer der »sozialen Säuberung« zu werden, der gedungenen Mörder, die meist auf schnellen Motorrädern auftauchen und Straßenkinder genauso wie den anderen so genannten »Abschaum« der Straße, d.h. Behinderte, Verrückte, Prostituierte und Homosexuelle, nachts im Schlaf überraschen und erschießen.

Um auf der Straße das bloße Überleben zu sichern, sind Straßenkinder ständig beschäftigt. Sie sind Nomaden mitten unter Sesshaften. Täglich legen sie weite Strecken zurück. Sie kennen die »Angebote« der verschiedenen Straßen und Plätze, und die Zeiten der Feste und Feiern. Manche verstehen sich aufs Geschäftemachen, aufs Sammeln und Verkaufen, andere bevorzugen lieber die Bettelei. Zeit aber bleibt allen genug für Vergnügungen, Spiel und Kontaktpflege. An manche Orte kehren sie immer wieder zurück, von anderen Gegenden halten sie sich fern. »Dort ist es zu ›heiß‹«. Man kennt sie, sie werden gesucht, und man würde sie töten, würde man ihrer habhaft.

Die Straße verändert jedes Leben radikal, am Tage wie in der Nacht. Verhalten und Beziehungen, Gefühle und Einstellungen, Moral und Denken, Weltanschauung und Vorlieben werden dort geprägt. Auf der Straße wechselt das Kind seine Identität. Äußeres Zeichen dafür ist der neue Name, der Spitzname, den ihm die Freunde verleihen. Die Straße ist wie ein Dschungel, die Kinder sind die Indianer der Straße. Sie können diesen »Urwald« zwar nicht kultivieren, aber sie nutzen nach Kräften seine Früchte, seine Möglichkeiten, seine Attraktionen. So leben sie von der Hand in den Mund. Was zählt, ist das Heute, morgen könnten sie schon tot sein. Von dem, was der Tag bietet, wollen sie möglichst viel genießen, sie versuchen, jede einzelne Stunde auszukosten. Ihre Vergnügungen sind flüchtig, wie vom Tod gehetzt. Entspannen und Ausruhen können sie nie. »Fünf Gefah-

MAYONESA
ERI

ren sind es«, sagt ein Straßenjunge, »vor denen man sich hüten muss: vor dem Friedhof, dem Krankenhaus, dem Verräter, der Polizei und dem Denunzianten.«[31]

»Galladas« und »Parches«, »Ollas« und »Cambuches«

Der Schutz durch die eigene Gruppe ist für Straßenkinder überlebenswichtig. Sie bietet Geborgenheit, Hilfe und emotionale Wärme. Früher nannte man die Straßenkinderbande *gallada*, heute wird dafür häufig der spanische Ausdruck *parche* verwendet. Statt *gamines*, Straßenkinder, ist jetzt der Begriff *ñeros*[32] gebräuchlicher geworden.

Innerhalb der Banden herrscht ein starkes Zusammengehörigkeitsgefühl. Alle Straßenkinder haben sich einem eigenen Moralkodex verschrieben, auch wenn manch außenstehender Beobachter behauptet, dass die Solidarität der Straßenbewohner untereinander stetig abgenommen hätte. An das Motto: »Wer etwas besitzt, soll es auch teilen«, halten sich die meisten. Das ist für jeden von Vorteil und verschafft den nötigen Respekt der anderen Mitglieder. Man darf den anderen nicht bestehlen, jedenfalls nicht innerhalb der eigenen Bande. Sonst gilt: »Wer stiehlt, der stirbt.« Vor allem müssen sich alle an das Gebot halten, über gewisse Dinge zu schweigen wie ein Grab, hauptsächlich wenn ein Gruppenmitglied jemanden im Streit getötet hat.

Die *gallada* oder *parche* ist eine verschworene Gemeinschaft, die ihre Abschottung nach außen durch eine besondere Art der Kommunikation unterstreicht. Straßenkinder kreieren ihre eigenen Zeichen, ihre eigenen, speziell für sie wichtigen Codes, und haben eine eigene Sprache, die nur ihnen verständlich ist. *»Astilla«* zum Beispiel ist ihr Begriff für einen Zigarettenstummel, gefüllt mit Marihuana; *»la panel«* ist das Polizeiauto, *»patecabra«*

---

31 Siehe Javier Omar Ruíz u.a.: Gamines, instituciones y cultura de la calle, Bogotá 1998, S. 95.

32 Straßenkind, Freund (abgeleitet von *compañero, Freund*)

ein Messer, »*pelpa*« ein Blatt mit *basuco* und »*lleca*« das Wort für Straße. Der Name, den die Neumitglieder beim Eintritt in die Gruppe bekommen, verändert gleichsam ihre Identität.

Entsprechend dem Zuwachs an Straßenkindern haben sich auch die Institutionen, die sich um sie kümmern, in den letzten Jahren beständig vermehrt. Ursache sind die Vertreibungen vom Land und die durch Massaker der Guerilla und der paramilitärischen Gruppen hervorgerufenen Flüchtlingsbewegungen. Das Straßenbild südamerikanischer Städte hat sich gewandelt. Man sieht heute häufiger als früher ganze Familien auf der Straße und immer mehr Männer, Frauen und Kinder indigener Gruppen, die es in die Metropolen verschlagen hat. Auch die Zahl der Mädchen auf der Straße ist beträchtlich angewachsen. Sowohl die Straßenbewohner als auch die Einwohner der Städte leiden unter der wachsenden Gewalt. Die Städter fühlen sich von den obdachlosen Bewohnern ihrer Straßen immer mehr bedroht. Ihr Verhältnis zu den Straßenkindern ist aggressiver, unbarmherziger und kälter geworden. Immer häufiger werden ganze Gruppen von Straßenbewohnern aus den Gegenden, wo sie sich niedergelassen haben und einigermaßen heimisch geworden sind, in die Außenbezirke der Städte vertrieben. Wie aber sollte es Bettlern und Müllsammlern, Dieben und Prostituierten möglich sein, ihr Überleben zu sichern, wenn sie so weit von dem Ort entfernt sind, an dem sie ihren »Geschäften« nachgehen?

Das Straßenleben ist härter und grausamer geworden, und die gesellschaftliche Repression nimmt weiter zu. Die Straßenbewohner geraten immer wieder zwischen die Fronten der größten Gewaltverursacher. Drogenhandel, Guerilla, Todesschwadronen und paramilitärische Gruppen treffen zuerst die Schutzlosesten. Täglich ist in den Zeitungen zu lesen, in welchen Gegenden der Stadt eine »*limpieza social*« vollzogen wurde. Die Straßenkinder beteuern, dass sich unter den Mördern auch Angehörige der Polizei befinden. Jahr für Jahr werden Kriminalitäts- und Mordstatistiken veröffentlicht – Tendenz der Opfer steigend.

Drogen

»Das Leben auf der Straße«, sagt Pedro, »ist so hart, dass man auch dann noch nach Drogen greift, wenn man weiß, wie schädlich sie sind und man sie deshalb vorher immer gemieden hat. Du fühlst dich schlecht, nimmst Rauschgift, und dann verändert sich alles. Du bekommst auf einmal Lust, zu stehlen oder einfach nur zuzuschlagen. Manchmal aber möchtest du am liebsten sterben. Es ist so, als wenn dich der Teufel packen würde. Du bist ganz traurig.«

Drogen gehören zum Alltag auf der Straße. In früheren Zeiten schnüffelten Straßenkinder Benzin, heute bevorzugen sie Kleber, den die Schuhmacher beim Besohlen von alten Schuhen benutzen. Straßenkinder erkennt man leicht an den gelben Flaschen, die sie meist unter dem Arm in Brusthöhe verbergen. Die Dämpfe narkotisieren, setzen das Hungergefühl für gewisse Zeit aus, lassen die Schrecken der Straße leichter in Vergessenheit geraten und die Angst vor der Nacht besser aushalten. Ein billiges Rauschmittel; eine Flasche kostet etwa 1000 Pesos, umgerechnet 50 Cent.

Patricia im Drogenrausch (gestorben Anfang 2003)

Mit dem Schnüffeln von Kleber oder dem Konsum anderer Drogen beginnen die Kinder bereits in frühen Jahren. »Das war so«, erzählt Juan, »zwei meiner Vettern waren auf der Straße und rauchten Marihuana. Sie sagten zu mir: ›Komm, willst du nicht mal probieren?‹ Da habe ich es eben ausprobiert. Aber weil ich noch so klein war, wusste ich nicht, wie man richtig raucht. Gott sei Dank bin ich nicht abhängig geworden. Später haben sie mir auch Kleber gegeben. Davon bin ich nicht mehr losgekommen. Wenn du schnüffelst, redest du auf einmal lauter Blödsinn. Das Zeug verklebt dir die Lunge. Das gefällt mir ganz und gar nicht. Aber was soll man tun?«

Ohne Drogen, sagen Straßenkinder, könnten sie auf der Straße nicht überleben. Neben *pegante* konsumieren sie hauptsächlich *basuco*, seltener Marihuana. Kokain wäre viel zu teuer für sie.

Umfragen haben ergeben, dass in der Regel etwa 80 Prozent der älteren Straßenbewohner bereits vor dem 18. Lebensjahr Drogen konsumierten, 40 Prozent von ihnen begannen im Alter von 9 Jahren und weit über 10 Prozent mit weniger als 8 Jahren. Stellt man Straßenkindern die Frage, weshalb sie zu Drogen greifen, obwohl sie die schädlichen Folgen kennen, verweisen sie zur Begründung auf einschneidende Schicksalsschläge, auf Gefühle der Verlassenheit oder auf Freunde, die sie dazu animiert haben. »Ich begann damit, als die Milizen meine ganze Familie umbrachten.« – »Ich war damals so einsam.« – »Meine Freunde haben mich dazu überredet.«

Um sich Rauschgift besorgen zu können, scheuen Straßenkinder keine Arbeit und Anstrengung. Sie sammeln und verkaufen Müll, bewachen Autos, waschen Fahrzeuge, tragen Lasten, mähen Gras, betteln und stehlen, prostituieren sich und handeln selber mit Drogen. Bei einer Befragung unter Straßenkindern in Bogotá gaben 91 Prozent an, jeden Tag bis zu elf Mal Drogen zu konsumieren; andere erklärten, sie griffen danach, wann immer sie »darankommen«.[33]

Carlos, vierzehn Jahre alt, aber klein wie ein Achtjähriger, hat eine Entgiftung hinter sich. Nun er ist rückfällig geworden. Er liegt am Boden und weint vor Schmerzen. Sein Körper wird immer wieder von Fieberkrämpfen

---

33 Vgl. Camara de Comercio de Bogotá (Hg.): Habitantes de la calle. Un estudio sobre la calle de El Cartucho en Santa Fé de Bogotá, Bogotá 1997, S. 56.

geschüttelt. Der Kopf, sagt er, drohe ihm zu zerspringen. Er erbricht eine dicke, schleimige, gelbe Flüssigkeit.

Die meisten Straßenkinder versichern, sie wüssten, wie schädlich der Kleber ist. Sie wissen, wenn sie um Einlass im Treffpunkt Patio Don Bosco bitten, müssen sie darauf verzichten. Viele nehmen zwar die Tortur des Entzugs auf sich, werden aber früher oder später rückfällig. »Ich nehme keine Drogen. Ja, ich habe alle ausprobiert. Aber nein, das Rauschgift gefällt mir nicht. Ich habe Marihuana und *pegante* genommen, diese zwei Gifte, sonst nichts. Aber ich bin nicht abhängig geworden ...« Nur wenige können die Entzugserscheinungen auf Dauer aushalten.

Gewalt

Das Leben der Kinder auf der Straße ist oft auf tragische Weise mit Gewalt verstrickt. Ihre Biografien spiegeln die Gewaltentwicklung Kolumbiens wider. Tag für Tag, Monat für Monat, Jahr für Jahr fordert sie ihre Opfer.

Zum Beispiel Pedro: Er hat beide Eltern verloren. »Sie haben sie mir getötet«, sagt er. »Mein Vater war Wächter in einem Viertel. Dafür bekam er eine Waffe. Das hat die anderen neidisch gemacht. Eines Tages ist ein Lastwagen gekommen. Der war voller Waffen, die eingepackt waren in Decken. Sie haben meinen Papa überwältigt. Dann schafften sie ihn weg. Er wollte fliehen, aber sie haben ihn erschossen. Meine Mama ist auch tot. Dass sie getötet wurde, war aber eine Verwechslung. Es passierte drei Monate, nachdem sie meinen Vater umgebracht hatten. In der Nähe von uns lebte eine Frau, die hieß Señora Socorro, genauso wie meine Mama. Die ging eines Tages zur Staatsanwaltschaft und wollte dort einen Bandenchef anzeigen. Die Bande aber bekam Wind davon, und sie meinten, meine Mama habe die Anzeige gemacht. Dann kamen sie zu uns, klopften an die Tür, nahmen meine Mutter mit und töteten sie. Kurz darauf hat mich eine Tante abgeholt. Sie wollte nicht zu uns ins Viertel heraufkommen, sondern wartete unten auf der Straße. Sie hat mich aus dieser Gegend weggeholt. Aber ich bin dann irgendwann auf der Straße gelandet.«

In den Gesprächen erinnern sich die Kinder an traumatisierende Gewaltsituationen. Es tauchen Erinnerungen auf, über die zu sprechen schwer fällt.

Durch Malen oder Zeichnen gelingt es ihnen manchmal, ihre schmerzhaften Erfahrungen leichter auszudrücken.

Victor, ein kleiner Junge von etwa zwölf Jahren, sitzt im Treffpunkt Patio Don Bosco am Boden und malt eine Puppe. Auf die Frage, was die Puppe denn darstelle, antwortet er: »Meinen Papa.« Dann erzählt er traurig, dass er nicht weiß, wo sich sein Vater aufhält. Er habe ihn nie kennen gelernt, und ihn eines Tages zu treffen, das sei sein sehnlichster Wunsch.

Die meisten Straßenkinder Medellíns kommen aus den Vierteln der Außenbezirke, von dort, wo die Milizen herrschen und die Polizei hilflos ist. Bewaffnete Banden wollen »ihre« Wohnviertel von allem Laster, d. h. Dieben, Drogensüchtigen und Guerilleros, freihalten und werden dabei selbst zu Kriminellen.

Am letzten Wochenende im August 2002 verlassen drei Straßenmädchen im Alter von 16, 17 und 19 Jahren die Plaza La Manga im Zentrum Medellíns, wo sie sich meistens aufhalten, in Richtung zum Wohnviertel ihrer Eltern. Sie

S. 116 f.: Erzählen mit Hilfe von Bildern

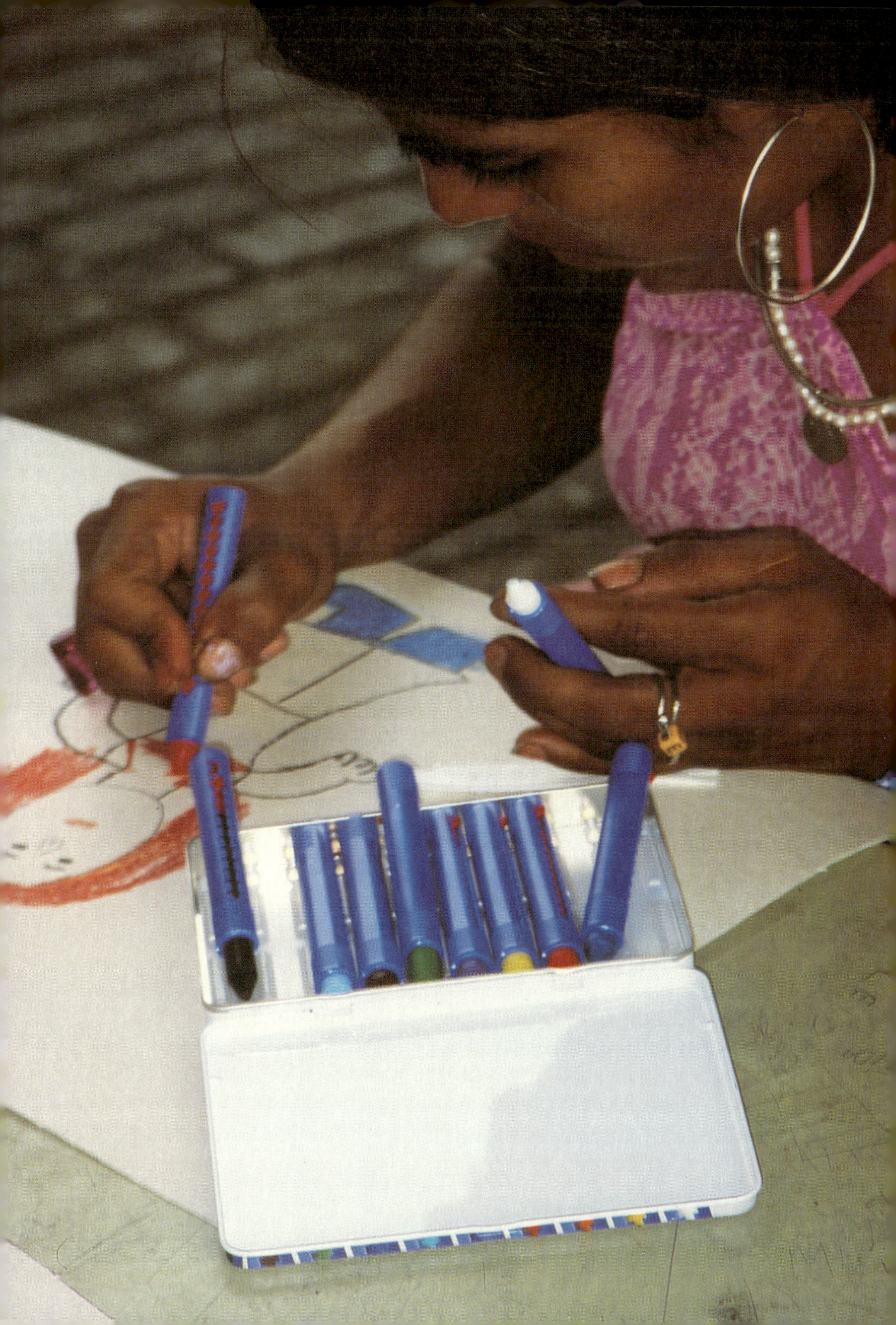

sind von ein paar Jungen in die Disko eingeladen. Unterwegs schnüffeln sie, wie üblich, an ihren Kleberflaschen. Das ist den jugendlichen Milizen, die kaum älter sind als sie, Grund genug, sie auf der Stelle zu erschießen.

Dieser Vorfall ist in keiner Zeitung zu lesen, nicht einmal im lokalen Radiosender wird über diese Tat berichtet. Nur die anderen Straßenbewohner von der Plaza La Manga sprechen darüber. Sie sind vor Angst und Schrecken wie erstarrt. Schießereien, die oft stundenlang anhalten, reißen die Menschen nachts aus dem Schlaf. Guerilleros und Paramilitärs kämpfen um die Gunst der Jugendbanden. Jede Partei versucht sie auf ihre Seite ziehen, und dafür ist ihnen jedes Mittel recht. Die Banden finanzieren sich durch Erpressungen und Drogenhandel. Sie halten Busse an, die ihr Gebiet durchkreuzen, und verlangen Schutzgelder.

Der Straßenjunge Carlos erzählt: »Ich komme von Manrique, habe drei ältere Geschwister; ein Bruder ist 25, einer 19 und eine Schwester 32 Jahre alt. Alle sind verheiratet, aber niemand will mich bei sich haben. Sie sagen, ich sei zu aufsässig, hätte gestohlen und Drogen genommen. Das stimmt ja auch. Alles Mögliche habe ich genommen. Mit ein paar Freunden haben wir Busse überfallen. Wir hatten Waffen, Pistolen vom Kaliber 38, Gewehre, Karabiner. Aber ich habe mich verändert, heute bin ich anders.«

Im Barrio Bellamar, so hört man, hat die dort herrschende Jugendbande inzwischen 70 Busse in ihre Gewalt gebracht. Diese Busse befördern nun auf Rechnung und Gewinn der Bande frühmorgens die Bewohner der Randviertel aus dem Norden ins Zentrum und abends wieder zurück.

Religion, Hoffnungen und Wünsche, Reisen

Die Religiosität der Straßenkinder hat mit der herrschenden katholischen Glaubensrichtung in Kolumbien wenig zu tun. Die Religion der Kinder ist praktisch, pragmatisch und gerade mal so viel wert, wie sie zu helfen vermag. Was zählt, ist ihr Nutzen, und Nützliches kann ihrer Meinung nach nicht schlecht sein. Gut und böse sind für Straßenkinder keine absoluten Gegensätze, keine Werte von übergeordneter Bedeutung. Alles ist relativ. Ihre Moral steht im Verhältnis zu den vorhandenen Möglichkeiten und Notwendigkeiten. Eine Kategorie wie Sünde, geschweige denn Schuld, fehlt auf der Straße. Dabei ist das Ziel der eigenen Entscheidungen und Handlungen kurzfristig; die Aussicht auf den unmittelbaren Genuss gibt den wesentlichen Ausschlag. Straßenkinder entscheiden spontan. Der sofort erfüllte Wunsch ist die bestmögliche Befriedigung. Dies gilt für jede Art von Genuss, vor allem aber den sexuellen.

Straßenkinder leben im Jetzt. Die Gegenwart ist fast die einzige Dimension ihrer Vorstellungskraft. Dennoch äußern sie Wünsche, die sich von denen anderer, sozial besser gestellter Jugendlicher kaum unterscheiden. Sie wollen eines Tages einmal heiraten und viele Kinder haben. Sie würden gerne künftig arbeiten und Geld verdienen. Dafür wären sie auch bereit, etwas zu lernen, allerdings nicht in der Schule. Aufgrund schlechter Erfahrungen oder durch Erzählungen anderer sind sie felsenfest davon überzeugt, dass ein Unterricht in der Schule für sie auf keinen Fall in Frage käme.

Straßenkinder hegen aber auch realistischere Träume. Sie würden gerne einmal in die Ferien fahren. Luis, zum Beispiel, ist erst zwölf Jahre alt und kennt bereits die Städte Cali, Pereira und Bogotá. Am besten gefiel ihm aber die Küste. Reisen zählt er zu den größten aller Abenteuer. Immer wieder ver-

Schlafplatz zwischen Grabstätte und Kirchenportal

S. 121:
Traumziel
Cartagena

spürt er dieses Verlangen, einfach aufbrechen zu wollen. Für Straßenkinder bedeutet Reisen eine verlockende Alternative zur Endlichkeit der Straße und die Befriedigung ihrer Sehnsucht nach Neuem und Unbekanntem. Ein positives Resultat ihrer Reiseaktivitäten besteht darin, dass sich Straßenkinder ein beträchtliches geografisches Wissen angeeignet haben. Reisen durch Kolumbien ist aber nicht nur reines Vergnügen, sondern birgt auch zahlreiche Gefahren. Häufig bitten die Kinder Lastwagenfahrer, sie mitzunehmen. Aber die Bereitschaft dazu ist nicht besonders groß. »Ich frage einen Fahrer, und wenn er mir das Mitfahren verbietet, dann steige ich eben heimlich auf.« Straßenkinder reisen vorwiegend als blinde Passagiere.

An der Spitze aller Traumziele steht Cartagena, die alte Kolonialstadt an der Karibischen Küste. Tatsächlich gelangen viele Straßenkinder der kolumbianischen Millionenstädte dorthin, und nicht nur ein Mal, sondern jedes Jahr aufs Neue. »Wenn der 1. Dezember kommt«, schwärmt Domingo, »halte ich es nicht mehr aus. Ich mache mich auf den Weg nach Cartagena. Die Fahrer wollen uns heutzutage nicht mehr mitnehmen. Deshalb passen wir die Lastwagen an den Stellen ab, wo sie ganz langsam fahren müssen, an Steigungen und in Kurven, und im Nu sind wir oben. Und wenn sie tanken müssen, springen wir rechtzeitig wieder ab und verstecken uns. Dann suchen wir uns eben eine neue Möglichkeit weiter zu kommen.« Es gibt eine regelrechte »Straßenkinderroute«, die von Bogotá über Medellín nach Cartagena führt. Am Ziel angekommen, treffen die Kinder häufig auf alte Bekannte, andere Jugendliche, die Monate zuvor in irgendeinem Straßenkinderprogramm anzutreffen waren, dessen Fürsorge sie eine Zeit lang in Anspruch genommen haben, bevor sie sich dann doch für die Freiheit und gegen die drohende Resozialisierung entschieden.

In Cartagena lockt der Strand, aber auch das »locker sitzende« Geld der Ausländer, auf deren Mitleid man hofft. »Dort halten wir uns tagsüber am Strand auf, gehen dahin, wo die meisten Touristen sind, nämlich ans Hafenbecken, wo die Schiffe zu den Islas del Rosario ablegen. Und wenn wir Hunger haben, bleiben wir vor den Restaurants stehen. Dann bekommen wir gewöhnlich sehr schnell etwas zu essen; denn die wollen, dass wir verschwinden und nicht die Gäste belästigen oder abschrecken. Und nachts, wenn wir keine Lust haben, einfach auf der Straße zu pennen, gehen wir in

ESTE LADO
FONDO ROTATORIO DEL EJERCITO

eines der Straßenkinderprogramme, die uns ein Bett zur Verfügung stellen. Das geht ganz leicht. Alles hängt davon ab, wie die Dinge gerade stehen und was sich anbietet.«

Nur wenige Kinder verschlägt es nach Bogotá, der Hauptstadt Kolumbiens. Carlos zum Beispiel weiß lebhaft darüber zu berichten: »Ich war auch einmal in Bogotá. Dort hielt ich mich im Cartucho (dem verrufensten Viertel der Stadt) auf. Was für eine entsetzliche Gegend! Lauter *gamines*! Schmutziger als ein Saustall, uff! Mit den Verhältnissen hier kannst du das wirklich nicht vergleichen. Die Leute schmeißen allen Dreck einfach auf die Straße.«

Die Karibik ist eindeutig attraktiver. An der Küste halten sich die Straßenkinder mitunter monatelang auf, so lange, wie es ihnen gefällt. Paolo erzählt: »Letztes Mal blieb ich ein Jahr lang in Cartagena. Ich war meistens am Strand, wo die Touristen sind, und sie gaben mir Dollars. Als ich so viel Geld hatte, nahm ich noch mehr Drogen als sonst, Marihuana, *pegante* und *basuco*. Man bläst in die Flasche hinein, saugt den Duft auf, und dann wird man ganz verrückt. Man läuft hin und her, mal dahin, mal dorthin ...«

Sexualität und Liebe

Sex auf der Straße ist ein eminent egoistischer Akt, mit Liebe hat das wenig zu tun. Erste Erfahrungen mit der Sexualität haben die meisten Straßenkinder bereits in der Familie gemacht. Dort orientiert sich das Verhalten der Geschlechter in der Regel an dem vorherrschenden *machismo*. Es dominieren Angst- und Schuldgefühle, Sprachlosigkeit und strikte Unterordnung der Frauen und Kinder. Umfragen ergaben, dass von 100 Straßenkindern in der Regel 5 Prozent der Jungen den ersten Sexualverkehr bereits im Alter zwischen 4 und 5 Jahren hatten. Bei etwa der Hälfte der Befragten geschieht dies zwischen dem siebten und dem elften Lebensjahr. 20 Prozent der Mädchen gaben als Zeitpunkt der ersten sexuellen Erfahrung das Alter zwischen 7 und 11 Jahren an, rund 60 Prozent die Zeit zwischen dem 16. und 17. Lebensjahr.[34]

34 Vgl. Javier Omar Ruíz, José Manuel Hernández, Luis Antonio Bolanos: Gamines. Instituciones y cultura de la calle, Bogotá 1998, insbes. S. 115.

Bei vielen Kindern, etwa der Hälfte von ihnen, ist dies keineswegs freiwillig geschehen. Viele Mädchen sind Opfer ihrer Stiefväter geworden.

Auf der Straße leben die Kinder und Jugendlichen ihre Sexualität spontan aus, ohne Hemmungen und Aufschub. »Sie lieben sich heute, als müssten sie morgen sterben«, sagt Majo, der Straßenpädagoge, der früher selbst als Kind auf der Straße lebte. Sex ist reine Lust und Vergnügen, der Koitus quasi ein Lebens- und Überlebensakt. Dabei scheint Straßenkindern die Gefahr von Aids keineswegs bewusst zu sein. Was kümmert es sie, vielleicht in fünf Jahren an dieser Krankheit zu sterben, wenn sie nicht einmal den morgigen Tag überblicken können? Geschlechtsverkehr in ihrem Sinne hat nichts mit tieferen Gefühlen zu tun. Sex ohne Liebe erzeugt keine Schuldgefühle, und sexuelle Kontakte führen auch nicht unbedingt zu festen Beziehungen.

S. 125: Erica und El Ruso, zaghafte Annäherung

In der *gallada* ist jeder grundsätzlich ein freier Mensch, aber die individuelle Freiheit stößt an den Gesetzen der Gruppe an ihre Grenzen. Wenn ein Mädchen innerhalb der Bande mit verschiedenen Jungen sexuellen Kontakt hat, so empfinden die Mitglieder dies als durchaus normal und es führt zu keinerlei Konflikten. Problematisch wird es erst, wenn sich das Mädchen außerhalb der Bande einen Partner sucht. Dass ein Mädchen gelegentlich als Prostituierte arbeitet, um Geld zu beschaffen, stößt auf keine Einwände. Nur wer dauerhaft diesem Geschäft nachgeht, wird ausgeschlossen.

Macht sich ein Mädchen eines gravierenden Vergehens schuldig, wird es abgestraft, beispielsweise in einem Akt kollektiver Vergewaltigung. Der *»redoblón«*, wie diese Maßnahme genannt wird, findet gelegentlich auch dann statt, wenn ein Mädchen erstmals in eine Gruppe aufgenommen wird. »In der Nacht, als die Kleine ankam«, erzählt ein *gamin*, »machten sie sich alle über sie her. Es war regnerisch und kalt. Sie war gerade 11 Jahre alt. Es war nicht einmal eine Woche her, seit sie von zu Hause weggelaufen war. Ihr Vater hatte sie fortwährend geschlagen. Sie dachte, dass man sie hier besser behandeln würde. In dieser Nacht befriedigten sich alle Jungen an ihr. Das hat sie für immer gewappnet und stark gemacht gegenüber den Gefahren der Straße.«[35]

Auch besonders attraktive Jungen, jünger als 13 Jahre, können diesem Ritual unterzogen werden. Mittels des *»redoblón«* machten sich Anspannungen in der Gruppe auf einen Schlag Luft. Die Ordnung innerhalb der Bande ist danach wieder hergestellt, die Hierarchie stabilisiert. Keiner, der an einem solchen Akt beteiligt war, hat deshalb hinterher mit Zurückweisung, Diskriminierung oder einer Strafe zu rechnen. Das bestrafte Opfer hingegen ist nach der Handlung entweder wieder integriert, oder es wird endgültig aus der Gruppe ausgestoßen.

Etwas anderes als Sex ist Freundschaft. Normalerweise geben Verliebte ihrem Verhältnis dadurch Beständigkeit, dass sie dauerhaft zusammenbleiben. Straßenbewohner gehen untereinander oft äußerst intensive Beziehungen ein. Der Zusammenhalt eines Paares setzt nicht Sex, sondern Treue voraus. Die Straße kann eben auch ein Ort der Liebe, der Romantik und der

35 Vgl. Camara de Comercio de Bogotá (Hg.): Habitantes de la calle. Un estudio sobre la calle de El Cartucho en Santa Fé de Bogotá, Bogotá 1997, S. 66.

Eroberung sein. Die Dauer dieser Bindungen ist jedoch ungewiss, entsprechend dem Gesetz der Straße.

Das Zusammenfinden eines Paares vollzieht sich meist in den immer gleichen, aufeinander folgenden Schritten: Es beginnt damit, dass der Junge das Mädchen begleitet, ihm möglichst überallhin folgt, ihm bei seinen alltäglichen Verrichtungen hilft. Er macht sich unabkömmlich und wird ihr Beschützer. Mit der Zeit eröffnet sie ihm, welche Wünsche und Vorstellungen sie hat: Sie braucht Kleider, Nahrungsmittel, Drogen. So kommt es langsam zu Absprachen und Versprechungen. Im Blick aufs künftige Zusammensein beginnen die beiden jetzt, ihre unterschiedlichen Rollen auszuhandeln, diese festzulegen und auszuprobieren. Wenn das Mädchen zustimmt, gehen sie schließlich unter Berücksichtigung ihrer Wünsche und Vorstellungen eine dauerhafte Beziehung ein. Sie leben als Paar zusammen und werden so auch von den anderen wahrgenommen und akzeptiert. Ab diesem Zeitpunkt ist das Mädchen für andere Jungen tabu, für sexuelle und emotionale Beziehungen außerhalb der Beziehung nicht mehr offen. Indessen garantiert ihr der junge Mann Auskommen und Sicherheit.

In der *gallada* ist das Mädchen dem Jungen eindeutig untergeordnet, nicht jedoch in der Paarbeziehung. Offenbar ist Sexualität die Domäne, in der es dem Mädchen gelingt, den *machismo* einzudämmen. Bei den jungen Frauen ist der Wunsch nach einer sexuellen Beziehung stärker ausgeprägt als bei den Jungen, für die die emotionale Seite einer Bindung mehr Gewicht hat. Deshalb leidet der junge Mann auch stärker, wenn die Beziehung zerbricht und das Paar sich trennt. Jungen vermissen die verloren gegangene Bindung zur eigenen Mutter und projizieren diese in die Beziehung zu dem Mädchen hinein. Deshalb verursacht eine Trennung tiefe seelische Wunden bei ihnen. Im Gegensatz dazu lösen sich die Mädchen schneller, mit weniger Schmerz, und genießen dabei möglicherweise noch den Triumph ihrer eigenen Stärke.

Wenn Mädchen auf der Straße Kinder bekommen, entstehen unermessliche Schwierigkeiten. Die *gallada* nimmt zwar den Nachwuchs als Teil ihrer selbst auf und sucht das Kleine nach Gebühr zu versorgen, aber die Gefahren für Mutter und Kind sind groß. Eigene Kinder sind für die Mädchen der stärkste Impuls, um schnell von der Straße wegzukommen und ein besseres Auskommen für sich selbst und den Nachwuchs zu finden.

Prostitution

Wenn Mädchen auf der Straße landen, kommen sie in der Regel rasch mit der Prostitution in Berührung. Die Notwendigkeit, den eigenen Unterhalt zu verdienen, treibt sie dorthin.[36] Zum Beispiel Susanna: Sie sieht immer sehr traurig aus. Ihre Mutter arbeitet als Prostituierte, und deren gegenwärtiger Freund ist alkoholabhängig. Susannas leiblicher Vater, der wegen Drogenhandels im Gefängnis sitzt, hat eine andere Frau geheiratet. Es gibt noch einen Bruder, der wegen Drogenschmuggels in den USA festgehalten wird. Susannas Schwester ist 17 Jahre alt und hat bereits ein Kind von zwei Jahren. Dessen Vater ist drogenabhängig und schlägt sie immer wieder. Für Susanna waren die häuslichen Verhältnisse nicht mehr auszuhalten. Deshalb hat sie sich eines Tages aus dem Staub gemacht. Sie war von einem »Freund« der Familie sexuell missbraucht worden. Nach diesem Vorfall brachte ihr Vater sie noch zur Medizinischen Sozialstation in der Nähe und sagte anschließend, er wolle nichts mehr von ihr wissen, sie könne verschwinden.[37]

Zwischen jugendlichen Prostituierten und Straßenmädchen gibt es kaum einen Unterschied. Die meisten Prostituierten waren zuerst *gaminas*[38], bevor sie hauptberuflich ihren Körper verkauften. Es sind immer dieselben Gründe, warum sie von zu Hause flohen: Vernachlässigung und Schläge, Armut und Hoffnungslosigkeit, die Notwendigkeit, Geld zu verdienen. Das Leben vieler Mädchen ist eine einzige Kette von Erniedrigungen, häufig einhergehend mit Gewalt: Unterdrückung in der Familie, Chancenlosigkeit, Entwicklungsrückstand und Lebensbedrohung. Sie wurden Zeugen von Gewalt zwischen Eltern und Geschwistern, und diese Erfahrung setzt sich wie ein Fluch in der Beziehung zum eigenen Freund, Liebhaber oder Ehemann fort. Zusätzlich lernen sie die Gewalt der Straße kennen. Am Ende neigen die Mädchen selbst zur Gewaltanwendung, wenn es gilt, das eigene Überleben zu sichern oder erträglicher zu machen.

---

36 Vgl. Cámara de Comercio (Hg.): La prostitución infantil y adolescente en el centro de Santafé de Bogotá, Bogotá 1993, S. 32f.

37 Vgl. ebd., S. 31.

38 Straßenkinder, Straßenmädchen

Elvira ist 12 Jahre alt. Seit drei Jahren arbeitet sie als Prostituierte. Eine Tante hat die damals Neunjährige in dieses Geschäft eingeführt. Wo ihre Mutter sich aufhält, weiß sie nicht. Elviras Vater ist tot. Man hat sie aus dem Haus geworfen, nachdem sie vom Ehemann ihrer Schwester vergewaltigt worden war. Was Aids ist, weiß Elvira nicht. Niemand hat mit ihr darüber gesprochen. Sie schnüffelt Kleber und raucht Marihuana. Zurück zu ihrer Mutter möchte sie auf keinen Fall. Dort ist sie schließlich immer schlecht behandelt worden.

Eine Untersuchung der jugendlichen Prostituierten im Zentrum Bogotás[39] ergab, dass 67,5 Prozent der Straßenmädchen zwischen 14 und 17 Jahre, 27,5 Prozent zwischen 10 und 14 Jahre und 5 Prozent zwischen 9 und 10 Jahre alt sind. Die Wissenschaftler stießen dort in einem eng begrenzten Gebiet auf 150 Kinderprostituierte im Alter von etwa 10 Jahren.[40] Die Schulausbildung der Mädchen war dürftig; die meisten hatten zwar einige Jahre lang die Grundschule besucht, 15 Prozent waren dagegen noch nie in einer Schule gewesen.

Die Mütter der Straßenmädchen, die ihre Körper anbieten, sind meist selbst Prostituierte. Nicht selten waren sie es, die ihre Töchter anwiesen, auf diese Art zum Unterhalt der Familie beizutragen. Drei Viertel der im Zentrum Bogotás befragten jugendlichen Prostituierten hatten nach der zitierten Untersuchung bereits eigenen Nachwuchs, 60 Prozent ein Kind, 15 Prozent bis zu drei Kinder. Die meisten Mädchenprostituierten benutzen keinerlei empfängnisverhütende Mittel. Wenn sie schwanger werden, kümmert sich niemand um sie. Sie üben während der Schwangerschaft ihre Arbeit in gewohnter Weise aus, bedienen ihre Kunden weiterhin und konsumieren wie üblich Drogen. Dabei haben sie keine Ahnung, welchen Risiken sie ihre Kinder aussetzen. Dass Prostitution eine Beschäftigung mit hoher gegenseitiger Ansteckungsgefahr ist, scheint den meisten Frauen un-

39 1993 fand man dort 3000 Kinder- und Jugendlichenprostituierte zwischen 12 und 17 Jahren. Zwischen 1990 und 1993 wuchs die Zahl um 100 Prozent. Siehe Cámara de Comercio (Hg.): La prostitución infantil y adolescente en el centro de Santafé de Bogotá, S. 31.

40 Vgl. La prostitución infantil, S. 27.

bekannt zu sein. Von Aids wissen sie meist nichts und schützen sich deshalb auch nicht. Wenn Straßenmädchen Kinder gebären, setzt sich die Spirale der Hoffnungslosigkeit fort. Sie haben niemanden, der auf die Kleinen aufpassen könnte, während sie ihrem Gewerbe nachgehen. So müssen sie ihre Kinder allein und unbeaufsichtigt lassen, und die Heranwachsenden erleben tagtäglich mit, wie ihre Mütter Kunden empfangen und Drogen konsumieren, als wäre beides selbstverständlich.

POLITISCHE LAGE: ENDE DES FRIEDENSDIALOGS

Am 20. Februar 2002 erklärte der damalige kolumbianische Präsident Andrés Pastrana die Friedensgespräche, die seine Regierung während der vergangenen vier Jahre mit der Guerillabewegung *Fuerzas Armadas Revolucionarias de Colombia* (FARC) geführt hatte, für gescheitert und ordnete gleichzeitig die Bombardierung des Caguán[41] an, das den Guerilleros zur eigenen Verwaltung überlassen worden war. Seither liegt das Land in Angst und Schrecken. Der über Jahrzehnte anhaltende und seit der so genannten *violencia*[42] der vierziger und fünfziger Jahre des 20. Jahrhunderts nie richtig beendete Bürgerkrieg droht seitdem zum totalen Krieg zu eskalieren. Die Menschen horteten Lebensmittel, in den Geschäften wurden die Waren zu-

41 ein Urwaldgebiet von der doppelten Größe El Salvadors, im Süden Kolumbiens gelegen

42 Gewalt

rückgehalten in der Hoffnung, dass die Preise steigen, und die Regierung führte eine Kriegssteuer ein.

Die Reaktionen der Guerilla ließen nicht lange auf sich warten: Terroranschläge in allen Landesteilen, noch mehr Entführungen als sonst, Stromleitungen, Brücken und Stauwerke wurden in die Luft gesprengt. Am 23. Februar 2002 wurde die Präsidentschaftskandidatin für die anstehenden Wahlen, Ingrid Betancourt, auf der Landstraße zwischen Florencia und San Vicente del Caguán, mitten im entmilitarisierten Gebiet der Guerilla, am helllichten Tag gekidnappt. Außer ihr und Hunderten weiterer Entführter, deren Namen man nach Tagen, Wochen oder gar Monaten und Jahren ihres Verschwindens vergisst, hatte die FARC jetzt fünf Kongressabgeordnete und einen Gouverneur in ihrer Gewalt. Die Bevölkerung nimmt derartige Vorkommnisse gewöhnlich mit erstaunlichem Fatalismus hin. In Kolumbien werden pro Jahr etwa 3000 Personen entführt.[43] Am 1. März 2002 wurde eine Senatorin beim Versuch, den entführten Mann ihrer Freundin freizubekommen, mit dieser zusammen und einem Fahrer auf offener Straße erschossen. Am 16. März 2002 ermordete die Guerilla, die Paramilitärs oder die Drogenmafia – niemand weiß es genau – den Erzbischof von Cali, Isaías Duarte Cancino, nachdem er einen Monat zuvor die Verwendung von Drogengeldern für die anstehenden Wahlen des Kongresses und des Senates öffentlich angeprangert hatte. Wenige Tage später klagte die Hochkommissarin der Vereinten Nationen für Menschenrechte, Mary Robinson, die schwerwiegenden, massiven und systematischen Menschenrechtsverletzungen der paramilitärischen Selbstverteidigungsgruppen und der Guerilla an. Sie bomben, besetzen Ortschaften, legen Minen und veranlassen Entführungen – alles Verbrechen, denen Menschen jeden Alters zum Opfer fallen, einschließlich Minderjährigen, schwangeren Frauen und Alten.[44] Kurz vor dem Wahlkampf, aus dem am 26. Mai 2002 Alvaro Uribe als neuer Präsident hervorging, nahmen die Überfälle und Massaker erneut zu. Am 2. Mai 2002 wurden in dem Urwalddorf Bojayá im Departement Chocó im Nordwesten des Landes 119 Zivilpersonen umgebracht und weitere 80 verletzt,[45] als Mitglieder

---

43 Vgl. El Colombiano, 20. März 2002, S. 3a.

44 Vgl. ebd.

45 Vgl. Frankfurter Allgemeine Zeitung, 4. Juni 2002, S. 6.

der FARC mit Metallsplittern gefüllte Gaszylinder in eine Kirche warfen, in welche vor allem Frauen und Kinder geflüchtet waren. Ohne Bedenken verletzt die Guerilla immer wieder die Menschenrechtskonventionen, während sie gleichzeitig behauptet, »für das Volk« zu kämpfen.

Neben der FARC ist der *Ejercito de la liberación nacional de Colombia* (ELN) die zweite große Guerillagruppe in Kolumbien. Beide richten ihre Attacken hauptsächlich gegen die zentrale Infrastruktur der kolumbianischen Wirtschaft. Ihr erklärtes Ziel ist es, den Krieg vom Land auch in die Stadt zu tragen: »Krieg in den Metropolen, Krieg gegen die Wirtschaft, Krieg gegen die Oligarchie.«[46] Wo immer sich die Guerilla eingenistet hat, werden die Menschen vertrieben, Dörfer vom Verkehr abgeschnitten, Strom- und Wasserleitungen gekappt, Busverbindungen unterbrochen. Die Bauern auf dem Land geraten zwischen die Fronten. Arrangieren sie sich mit der Guerilla, werden sie von paramilitärischen Gruppen und den Soldaten der Regierung bedroht, überfallen und erschossen; schlagen sie sich auf die Seite der Selbstverteidigungsgruppen, machen die Guerilleros kurzen Prozess mit ihnen. Jede Woche kommt es zu neuen Massakern. Hals über Kopf müssen die Menschen fliehen und lassen Hab und Gut zurück. Unzählige Flüchtlingsscharen bewegen sich Woche für Woche auf die Städte zu, denn dort glauben sie sich sicherer.

Tradition des Terrors

Kolumbien, im Nordwesten Südamerikas gelegen, ist mit seinen pazifischen und karibischen Küsten, seinen Kordilleren-Ketten und Gletschern von über 5000 Metern Höhe, seinen unendlichen Ebenen im Osten, dem feuchtheißen Tiefland, den fruchtbaren Tälern, Hochebenen und dem Urwald, der die Hälfte der Landesfläche bedeckt, das landschaftlich und kulturell reizvollste Land des Kontinents. Es besitzt die größten Erdölreserven der westlichen Hemisphäre. Mit Brasilien, Peru, Bolivien und Ecuador hat es Anteil am Amazonasurwald, einer Zone von etwa 8 Millionen Quadratkilometern,

---

46 Vgl. Semana Nr. 1035, 4.–11. März 2002, S. 26ff.

wo sich die Hälfte der tropischen Wälder der Erde und ein Fünftel der reichsten Süßwasserquellen überhaupt befinden; es reguliert die Temperatur unseres Planeten und beherbergt die größte »Genenbank« – eines der biologisch reichsten Gebiete der Welt und fundamental bedeutsam für die Zukunft der Menschheit. Mit 1141748 Quadratkilometern ist Kolumbien drei- bis viermal so groß wie Deutschland, achtundzwanzigmal so groß wie die Schweiz, während seine Bevölkerung von 40 Millionen nur die Hälfte derjenigen Deutschlands ausmacht. Die meisten Kolumbianer sind Mestizen; es gibt 20 Prozent Weiße, 20 Prozent Schwarze und Mulatten und zwei Prozent Indianer, die 64 unterschiedliche Sprachen sprechen. Über 70 Prozent der kolumbianischen Bevölkerung wohnen in Städten. Bis zum Jahr 2015 rechnet man mit einem Bevölkerungszuwachs auf 53,2 Millionen, von denen dann 80 Prozent zur Stadtbevölkerung gehören werden.[47]

Ungeachtet seines großen Reichtums an fruchtbarer Nutzfläche und an Bodenschätzen, wird Kolumbien immer wieder von Wirtschaftskrisen geplagt. Überfälle und Morde sind an der Tagesordnung. In keinem Land der Welt gibt es so viele Entführungen. Tausende – neuerdings sind es nicht mehr nur Reiche, sondern auch und immer mehr Kinder – werden jedes Jahr gewaltsam ihrer Freiheit beraubt und um hohe oder niedrige Summen, um Millionen oder um ein paar Hundert Dollar, erpresst. Am häufigsten geschieht dies im Departement Antioquia mit der Hauptstadt Medellín.

Wer sich auf den Straßen kolumbianischer Städte bewegt, begibt sich in Gefahr; gefährlicher noch ist es, sich auf die Landstraßen außerhalb der Städte zu wagen. Dort werden Autos und Busse von Guerilleros angehalten, ausgeraubt und die Insassen entführt. In den Städten gehören Überfälle und Diebstähle zum Alltag. Allein in Bogotá gehen bei der Stadtpolizei jedes Jahr etwa 25000 bis 30000 Anzeigen wegen größerer Delikte ein, wovon die Mehrzahl – etwa 10000 – Raubüberfälle auf offener Straße sind. Die Unsicherheit erzeugt bei den Bewohnern ein andauerndes Gefühl der Bedrohung. Alle sind angespannt und misstrauisch. Unter den Straßendelikten machen neben der Kleinkriminalität die Autodiebstähle einen wachsenden Anteil aus; jedes Jahr werden allein in Bogotá etwa 6500 Autos gestohlen,

47 Vgl. El Espectador, 13. Juli 1999, S. 4A.

und der Polizei gelingt es nicht, erfolgreich dagegen anzugehen. Unzählige Fahrzeuge, die auf Straßen und Plätzen abgestellt sind, werden aufgebrochen. Bei der Hälfte der Autodiebstähle werden die Fahrer mit Feuerwaffen aufgehalten und zur Herausgabe ihrer Fahrzeuge gezwungen. Verbreitet ist auch die Praxis, Autobesitzern Zigaretten, Getränke oder Speisen zu schenken, die mit Betäubungsmitteln und Drogen versetzt sind und sie wehr- und willenlos machen. In allen großen Städten des Landes werden darüber hinaus jedes Jahr unzählige Häuser und Wohnungen aufgebrochen und ausgeraubt, Hunderte von Banküberfällen verübt und Tausende Menschen bei Mordanschlägen, Streitigkeiten und Racheakten umgebracht.[48] Kein Wunder, dass Kolumbien zu den Ländern mit der niedrigsten Lebensqualität zählt. Dieser Ruf hat sich in den letzten Jahren gefestigt; Gewalt und Kriminalität nehmen weiter zu. Kolumbien gilt in Europa als nicht zu empfehlendes Reiseland.

Die Kriminalität kommt nicht von ungefähr. 57 Prozent der Kolumbianer leben heute unter der Armutsgrenze, mindestens 20 Prozent sind arbeitslos. Von 100 Familien leben 40 von ihnen in ärmlichen Verhältnissen. In den letzten fünf Jahren ist die Zahl der Mittellosen jedes Jahr um eine weitere Million angewachsen. Von den 25 Millionen verarmten Kolumbianern leben heute 10 Millionen in regelrechtem Elend. Während die Arbeitslosigkeit ständig zunimmt, sinkt das Familieneinkommen rapide. Unermesslich viel produktives Kapital wird bei den kriegerischen Auseinandersetzungen zerstört, und die politische und wirtschaftliche Unsicherheit wächst. Wenn in den nächsten Jahren die Entwicklung so weitergeht wie bisher, wird die Armut bald über 60 Prozent der Bevölkerung erreicht haben.[49]

Der Kampf der letzten Jahre gegen Armut und Analphabetismus hat keinen Erfolg gehabt, ganz im Gegenteil. Das Land leidet unter dem Prozess der Globalisierung, von dem sich die Regierung eigentlich wirtschaftlichen Fortschritt erhofft hatte. 2,5 Millionen Kinder und Jugendliche zwischen 5 und 17 Jahren, davon eine Million unter 14 Jahren, müssen arbeiten, um überhaupt überleben zu können. Sieben von zehn der arbeitenden Kinder besu-

48 Vgl. El Espectador, 14. Juli 1999, S. 3C.

49 Vgl. El Colombiano, 21. März 2002, S. 5a.

chen keine Schule.[50] Als die staatliche Gesundheitsbehörde im Jahr 2000 unter 176 702 Schülern der öffentlichen Schulen Bogotás einen Gesundheitscheck durchführte, stellte sich heraus, dass 53 Prozent der Jugendlichen unter chronischer Unterernährung litten. Am dramatischsten war die Lage der 15- bis 20-Jährigen: 68 Prozent waren unterernährt, viele der Kinder zu klein für ihr Alter. Von den Jüngsten, unter neun Jahren, waren 43 Prozent mangelernährt. Bereits im Jahr 1997 hatte eine ähnliche Untersuchung an über 100 000 Kindern und Jugendlichen in Bogotá ergeben, dass 42 Prozent der unter Siebenjährigen unterernährt, 22 Prozent untergewichtig und viel zu klein für ihr Alter waren.[51]

Seit Jahrzehnten leiden die Menschen in Kolumbien unter den Folgen eines Krieges, der formal nie erklärt wurde und dessen Realität bis zum 20. Februar 2002 – der Kriegserklärung des kolumbianischen Präsidenten an die Guerillabewegung – viele verdrängten. Das mag damit zusammenhängen, dass es in der Geschichte des Landes kaum friedliche Zeiten gegeben hat; selten konnten die Menschen in Ruhe und Wohlstand leben. Die europäischen Konquistadoren haben im 16. und 17. Jahrhundert Armut und Gewalt mit in die »Neue Welt« gebracht, die seither zum alltäglichen Erscheinungsbild gehören. Bereits im 16. Jahrhundert breitete sich großes Elend aus. Verarmte Frauen wurden in Spitäler abgeschoben, neugeborene Kinder, die von ihren Müttern nicht ernährt werden konnten, vor den Häusern der Wohlhabenden und den Türen der Kirchen abgelegt. Viele zurückgelassene Kinder starben an Hunger und Kälte. Seit der Mitte des 18. Jahrhunderts versuchte man vergeblich, die Flut der Bettler und den ausufernden Vagabundismus einzuschränken. Armenhäuser wurden eingerichtet. Das schnelle Wachstum der Hauptstadt und die exzessive Migration vom Land warfen schon damals unlösbare Probleme auf. Die Zahl der Landstreicher und Bettler nahm ständig zu; sie füllten die Straßen der Städte, in denen sie mit Almosen zu überleben versuchten.

Die Geschichte Kolumbiens besteht im Wesentlichen aus einer ununterbrochenen Kette von Bürgerkriegen, die mit der Unabhängigkeitserklärung

---

50 Vgl. El Espectador, 13. Juli 1999, S. 4A.

51 Vgl. El Tiempo, 31. Oktober 2001, S. 1–8.

von 1814 beginnt und bis ins 21. Jahrhundert reicht. Jahrzehntelang wurde das Land von zahlreichen Gewaltwellen erschüttert: so von einem nationalen Krieg, der im April 1948 nach der Ermordung des linksliberalen Präsidentschaftskandidaten Jorge Eliécer Gaitán ausbrach und Hunderttausende das Leben kostete. Damals entstanden auf dem Land aus bäuerlichen Selbstschutzbewegungen die ersten Guerillagruppen. 1957 wurde der äußerst grausam geführte Krieg durch einen Pakt zwischen der Konservativen und der Liberalen Partei formal beendet. Konservative und Liberale teilten fortan und für Jahrzehnte die Herrschaft im Land untereinander auf. Im Gefolge des Bürgerkrieges flohen große Scharen von Menschen in die Städte. Bis heute setzt sich diese Bevölkerungsbewegung fort und erlebt derzeit einen neuen Schub. Meist handelt es sich bei den Vertriebenen um ehemalige Kleinbauern und Viehzüchter. Die Stadt bedeutet für sie eine schockierende neue Wirklichkeit, bedrohlich, gefährlich, unbegreiflich. Die *campesinos*[52] stranden in einer ihnen fremden Umwelt; ihre traditionellen Werte und Normen müssen sie opfern, um in der neuen Umgebung als kleine Händler, Hilfsarbeiter oder Dienstleister irgendwelcher Art überleben zu können.

Gesichter der Gewalt

Mit etwa 30000 Tötungsdelikten im Jahr ist Kolumbien das Land mit dem größten Gewaltpotenzial der Welt.[53] Guerilla, Drogenmafia und paramilitärische Gruppen tragen je ihren Teil dazu bei. Ein prominenter junger Kommentator der Geschehnisse in Kolumbien hat sich einmal folgendermaßen geäußert: »Alle Kolumbianer sind entrüstet, wenn die USA die kolumbianischen Guerilleros, die paramilitärischen Gruppen und auch einen wichtigen Sektor der Armee als Terroristen bezeichnen. Tatsächlich aber begehen diese tagtäglich Terrorakte: Sie entführen Menschen und foltern. Alle Welt weiß, dass bewaffnete Regierungstruppen 3000 Mitglieder einer politischen

52 Bauern, Landarbeiter

53 Vgl. Werner Altmann u.a. (Hg.): Kolumbien heute, Frankfurt am Main 1997, S. 214ff.; Oliver Diehl und Linda Helfrich-Bernal: Kolumbien im Fokus, Frankfurt am Main 2001, S. 9.

Oppositionspartei ermordet haben. Andere Terroristen legen Bomben in den Städten, töten unschuldige Menschen und zerstückeln ihre Leichen. Sie ermorden Gewerkschaftler, Lehrer und alle, die die Wahrheit aussprechen. Ich frage mich, was die Welt sagen würde, wenn man ihr im Fernsehen zeigte, wie ganze Dörfer mit Gasflaschen, die mit Dynamit und Eisenteilen gefüllt sind, in die Luft gesprengt werden, und wenn die Zuschauer die toten Männer, Frauen und Kinder sehen würden, zerrissen und ohne Köpfe, mit Leibern, aus denen die Eingeweide herausquellen. Oder wenn sie die entführten Kinder sehen würden, an Ketten gebunden, in unterirdische Höhlen gezwängt. Sind diese Entführungen denn etwas anderes als terroristische Akte? Und die Zerstörung von Häusern und Höfen, von Dörfern und Brücken, von Straßen, Erdölleitungen und Strommasten – Errungenschaften, die die ganze Nation über Jahrzehnte erarbeitet und hergestellt hat –, ist dies kein Terrorismus? Guerilleros und Paramilitärs betreiben keinen gerechten Kampf gegen unrechtmäßige Regierungen, sondern sie bekriegen die Menschheit, die ganze Welt.«[54]

Für den Großteil der kolumbianischen Bevölkerung bedeutet ein Leben in Frieden einen Ausnahmezustand, der in den letzten Jahren immer bedrohlicher geworden ist. Seit der Zeit der *violencia* ist es in Kolumbien üblich, Konflikte gewaltsam auszutragen. Hinter der Fassade einer scheinbar funktionierenden Demokratie hat sich die zunehmende Gewalt immer größere rechtsfreie Räume geschaffen. Der kolumbianische Staat musste sein Gewaltmonopol teilweise an Guerilla, Drogenmafia und paramilitärische Gruppen abtreten. In manchen Gegenden üben sie juristische und administrative Funktionen aus. So kontrollieren sie große Teile des kolumbianischen Territoriums. Wahllos werden friedliche Menschen festgenommen, gefoltert, ihrer Lebensmittel und Güter beraubt, vertrieben und ermordet.

---

54 Vgl. Germán Castro Caycedo: Con las manos en alto. Episodios de la guerra en Colombia, Bogotá 2001, S. 84f.

Guerilla

Die beiden größten und aktivsten Guerillaorganisationen sind die FARC und der ELN, nachdem kleinere Guerillagruppen zu Beginn der neunziger Jahre des letzten Jahrhunderts mehr und mehr ins politische Leben reintegriert werden konnten. FARC und ELN stellen bis heute die Legitimität des Staates in Frage. In ihren Einflussgebieten regierten sie mit Hilfe selbst erlassener Gesetze. Wohlhabende Bürger werden besteuert, die lokalen Wahlen manipuliert, richterliche Funktionen von Guerilleros ausgeübt. In Verhandlungen mit der kolumbianischen Regierung des Präsidenten Andrés Pastrana hatte die größte Guerillagruppe FARC die Kontrolle über ein Territorium von 42000 Quadratkilometern erhalten, 1000 Quadratkilometer größer als die Schweiz, 12000 Quadratkilometer größer als Belgien. Die Guerilla setzte durch, dass aus diesem Gebiet alle Soldaten, Polizisten, Rechtsanwälte und Richter evakuiert wurden.

Die geräumte Zone *(»zona de despeje«)*, euphemistisch auch *»zona de paz«* (Friedenszone) genannt, diente der Guerilla fortan als Aufmarsch- und Rückzugsgebiet – ein Staat im Staat, wo Tausende Entführter versteckt, Nachschubbasen ausgebaut und unterirdische Schutzanlagen gegen Angriffe per Land oder Luft wie einst in Vietnam errichtet wurden. Auf den neuen Pisten fuhren, wie die kolumbianischen Autoversicherer auswiesen, mindestens 5000 gestohlene Kleinlastwagen mit Vierradantrieb, die die Guerilleros an sich gebracht hatten oder von Diebesbanden in den Städten hatten stehlen lassen. In ihrer Zone erließ die Guerilla eigene Gesetze, von denen eines lautete: »Wer Erpressungen der Guerilla nicht akzeptiert und nicht umgehend zahlt, wird entführt.«

Die »Friedenszone« stellte ein strategisch wichtiges Gebiet dar, das Zugang zu drei Meeren bot: über den Amazonas zum Atlantik, über den Orinico zur Karibik und über vier von riesigen Urwaldbäumen geschützte Straßen zum Pazifik. Die Straßen, die die FARC gebaut hatte, verbanden die verschiedenen Gebiete, in denen Kokain und Heroin hergestellt werden, sie ermöglichten den Export von Rauschgift und den Import von Waffen. Im Frühjahr 2002 rückten die kolumbianischen Streitkräfte in das besetzte Gebiet ein und machten dem Staat im Staat am Caguán, nicht aber der Guerilla, ein Ende. Nach den Anschlägen auf das Worldtrade-Center in New

York am 11. September 2001 erklärte der US-amerikanische Außenminister Colin Powell die kolumbianischen Guerillabewegungen FARC und ELN sowie deren Erzfeinde, die paramilitärischen Gruppen des Landes, zu terroristischen Organisationen, die seither als zukünftiges Ziel militärischer Aktionen gelten.

Drogenhandel

In Kolumbien finanzieren sich alle bewaffneten Gruppen mit Geldern aus dem Anbau und Handel von Drogen. Die kolumbianische Drogenmafia verfügt nicht nur über unermessliche finanzielle Ressourcen, sondern auch über Macht. Ihr Einfluss auf Politik und Rechtsprechung ist beachtlich. Die politischen Institutionen scheinen von ihr unterwandert, viele Politiker korrumpiert, deren Abhängigkeit von Drogengeldern zumindest inoffiziell unbestritten. Die Rauschgiftmafia hat das Land in der Welt berühmt und berüchtigt gemacht. Mit ihren Milliarden Geldern haben die Drogenbarone Abgeordnete, Senatoren, Präsidenten, Journalisten und Richter gekauft.

In Kolumbien wachsen alle Rohstoffe, die für die Herstellung von Drogen gebraucht werden: Hanf für Marihuana und Haschisch, Mohn für Heroin, Koka für Kokain. Der Ausbau der Kokaproduktion hat Kolumbien in den Ruin getrieben. Als zu Beginn der neunziger Jahre des 20. Jahrhunderts die Märkte für landwirtschaftliche Produkte geöffnet wurden und Billigprodukte aus anderen lateinamerikanischen Ländern und aus Asien importiert wurden, stürzte die kolumbianische Landwirtschaft in eine tiefe Krise, denn einheimische Bauern konnten nicht konkurrieren. Auf die Forderung nach existenzsichernden Preisen für ihre Produkte, Einstellung der Importe und mehr Investitionen in die Landwirtschaft ging die Regierung nicht ein. So blieb den *campesinos* nichts anderes übrig, als den Drogenanbau auszuweiten; die illegalen Produkte sind nach wie vor die einzigen Güter, die ihnen und ihren Familien eine notdürftige Existenz garantieren. Bis Anfang der neunziger Jahre war das Land in der arbeitsteiligen Drogenproduktion Lateinamerikas vor allem für die Endverarbeitung der aus Peru und Bolivien importierten Koka-Paste zu Kokain und für den anschließenden weltweiten Vertrieb dieser Droge zuständig. Als jedoch der Import wegen strengerer Überwachung schwieriger wurde, begannen die Drogenhändler auch den Anbau von Koka im kolumbianischen Amazonasbecken zu fördern. Die Produktion explodierte regelrecht. Heute ist Kolumbien der größte Produzent von Koka-Rohstoff auf der Welt.

In den Städten Medellín und Cali ließen sich die beiden größten Drogenkartelle nieder. Sie terrorisierten die Bevölkerung und übten mit der Zeit einen beträchtlichen Einfluss auf Politik und Verwaltung aus. Der Chef des Drogenkartells von Medellín, Pablo Escobar, ließ zahlreiche Journalisten und Politiker ermorden. Bei den Bombenanschlägen, die auf sein Konto gehen, nahm er unzählige Opfer unter der Zivilbevölkerung in Kauf. Angeblich ließ er mehrere Präsidentschaftskandidaten, darunter Luis Carlos Galán und Carlos Pizarro, umbringen. Als es der Regierung gelang, die Spitze des Kartells von Cali zu verhaften und die Polizei Pablo Escobar erschoss, konnten sich die Drogenhändler schnell neu organisieren. Heute ist die Zeit der großen Capos und weltberühmten Namen, neben Pablo Escobar vor allem Gonzalo Rodríguez Gacha und der Brüder Rodríguez Orejuela, vorbei. Längst haben ihre Nachfolger deren Positionen übernommen und ihre Macht gefestigt. Diego León Montoya, genannt »Don Diego«, Partner des Kartells »Norte del Valle«, wird steckbrieflich gesucht und soll an die USA ausgeliefert werden. Éver Villafane Martínez wurde Ende 1999 gefasst, entkam aber aus dem Gefängnis von Itagüí, in dem schon Pablo Escobar eingesessen hatte. Juan David Vélez, im November 2000 gefangen genommen, floh aus dem berüchtigten Gefängnis La Modelo in Bogotá. Wie Paulo Andrés Hoyos – auch er gefasst und anschließend geflohen – sollen sie alle an die USA ausgeliefert werden.

Die neuen Kartelle sind im ganzen Land verteilt. 162 Organisationen hat man bisher identifiziert. Sie sollen weit über 4000 Personen direkt beschäftigen und mit mehr als 40 kriminellen internationalen Organisationen kooperieren. Wie in der Blütezeit der Großkartelle der achtziger und neunziger Jahre des letzten Jahrhunderts, versucht auch die neue Drogenmafia die staatlichen Organisationen zu infiltrieren. Unmittelbar nach der Wahl von Senat und Kongress im März 2002 meldeten die Zeitungen, dass etwa 14 namentlich bekannte Senatoren und mindestens drei neue Kongressabgeordnete in Verbindung zum Drogenhandel stünden.[55] Als der Erzbischof von Cali, Isaís Duarte Cancino, kurz vor der Wahl diese Parlamentarier anklagte, Drogengelder für den Wahlkampf zu verwenden, fiel er einem Anschlag zum Opfer. An die Stelle der großen Organisationen sind heute kleinere Einheiten getreten, die sich jeweils auf einzelne Aufgaben bei der Herstellung und dem Vertrieb der Drogen spezialisiert haben. Die einen besorgen die notwendigen Ländereien in den Anbaugebieten und überwachen Aussaat und Ernte. Die anderen sammeln die Koka-Rohmasse und bewegen sie zwischen den im Land verteilten Produktionsstätten. Wieder andere kümmern sich um Transport und Vertrieb des Kokains über Land oder auf dem Seeweg. Allein die Gruppe im nördlichen Valle befördert jedes Jahr mehr als 200 Tonnen in die USA. Trotz massivster militärischer Maßnahmen zur Einschränkung des Drogenanbaus ist die Koka-Anbaufläche in Kolumbien im letzten Jahr um mindestens 25 Prozent gewachsen – 170000 Hektar Land stehen heute dafür zur Verfügung.[56]

Seit Jahren verfolgen die USA eine rigide Drogen-Bekämpfungsstrategie: Sie besprühen die Pflanzungen mit Pestiziden aus der Luft. Mit dem Ergebnis, dass sich die Koka-Anbaugebiete verlagern und weitere Amazonas-Regenwälder abgeholzt werden. Trotz des offensichtlichen Misserfolgs erhöhen die USA unverdrossen ihre Militärhilfe. Die Kolumbianer vermuten, dass es ihnen nicht nur um einen Anti-Drogen-Krieg, sondern auch um die Bekämpfung der Guerilla geht; um die weitere politische und militärische Entwicklung zu kontrollieren, diene ihnen die Drogenbekämpfung als Vorwand.

Paramilitärs und Todesschwadronen

Als Gegengewicht zu der linksgerichteten Guerilla haben sich, zwischenzeitlich vom kolumbianischen Staat legalisiert, dann wieder verboten, paramilitärische Gruppen etabliert, unter ihnen die *Autodefensas Unidas de Colombia* (AUC) mit ihrem Anführer Carlos Castaño. Dass Paramilitärs mit den regulären Streitkräften Kolumbiens verstrickt sind, wurde von den Regierun-

55 Vgl. El Tiempo, 24. März 2002, S. 1–12.

56 Vgl. ebd.

gen Sampers (1994–1998) und Pastranas (1998–2002) offiziell bestätigt. Die *»paras«* machten sich unzähliger Vertreibungen, Massaker und Morde an der Zivilbevölkerung schuldig. Angebliche Kollaborateure der Guerilla wurden eliminiert. Wer sich für sozialen Wandel im Land, für den Friedensprozess oder Menschenrechte einsetzte, wurde massiv bedroht oder ermordet.

Gewalt und Rechtlosigkeit haben Zehntausenden das Leben gekostet und Millionen in die Verzweiflung getrieben. Während die paramilitärischen Gruppen ihre schmutzige Arbeit verrichten und wehrlose *campesinos* massakrieren, schauen Polizei und Militär meist tatenlos zu. Die meisten Flüchtlinge haben den Wunsch, in ihre Heimat zurückzukehren, mit ihren Familien zu leben und unter den angestammten Lebensbedingungen die Landarbeit wieder aufzunehmen – eine realistische Chance dafür gibt es nicht. Die 15- bis 20-jährigen Söhne der Bauern werden gewöhnlich gezwungen, sich der Guerilla oder den Paramilitärs anzuschließen. Wenn sie sich verweigern, werden ihre Familien umgebracht. Wer fliehen kann, macht sich aus dem Staub, um wenigstens sein Leben zu retten. Pro Jahr sind es durchschnittlich mindestens 50 000 Menschen, die nach blutigen Massakern Hals über Kopf fliehen müssen. Wenn sich die Vertriebenen irgendwo niederlassen, werden sie oft verdächtigt, Freunde der Guerilla zu sein. So geraten sie, noch ehe die erlittenen Gewalttaten verschmerzt sind, in neue Gefahr, verhaftet, misshandelt und gefoltert zu werden.

Paramilitärische Gruppen und Todesschwadronen sind heute nicht mehr nur auf dem Land, sondern auch in den Städten aktiv, wo sie mit Unterstützung oder Duldung der Armee und der staatlichen Sicherheitsorgane planmäßig regime- und systemkritische Personen eliminieren. Auf ihr Konto gehen Zehntausende politisch begründeter Morde und Entführungen, die vor allem die Angehörigen der politischen Opposition, Gewerkschafter, Vertreter von Menschenrechtsorganisationen, Priester, Journalisten und Richter treffen. Niemand ahndet diese Verbrechen und die Verletzungen der Menschenrechte, niemand zieht die Angehörigen der paramilitärischen Gruppen, die Guerilleros, die für die Verbrechen verantwortlichen Soldaten und Polizisten zur Rechenschaft.

Während paramilitärische Gruppen reiche Landbesitzer vor den Übergriffen der Guerilla zu schützen vorgeben, betreiben Todesschwadronen in den Slums der Städte die so genannte *»limpieza social«*. Ihre Opfer sind die *»desechables«*[57]: Prostituierte, Verrückte, Homosexuelle, Müllsammler, drogenabhängige Männer, Frauen und Kinder. Nach der Verfassung ist in Kolumbien die Todesstrafe verboten; im Alltag wird sie Tag für Tag von selbst ernannten Rächern und Saubermännern vollstreckt. Obdachlose Minderjährige gehören zu den bevorzugten Opfern. »Besser man tötet sie, solange sie klein sind«, heißt es, »später werden sie doch zu Banditen.« Die Mörder entkommen für gewöhnlich in der Dunkelheit der Nacht. Sie fahren Autos mit verdunkelten Scheiben und schnelle Motorräder, tragen Waffen jeden Kalibers und verbergen ihre Gesichter hinter Masken. Sie töten auf unterschiedliche Weise, hängen ihre Opfer auf, erstechen sie, erschießen sie im Schlaf oder foltern sie bis in den Tod. Die Toten werden dann in Flüsse oder auf Müllhalden geworfen. Wie schon einmal während der fünfziger Jahre des 20. Jahrhunderts ist heute der Río Cauca erneut zum Todesfluss geworden, ein Grab von 320 Kilometern Länge. Über die *»pistolocos«*[58] wird viel spekuliert; bezahlt werden sie von denen, die Interesse an diesen Säuberungen haben: von Geschäftsleuten und aufgebrachten Bewohnern der unsicher gewordenen Viertel. Unter ihnen soll es, wie die Straßenkinder behaupten, zahlreiche Polizisten geben, die sich als Berufskiller ein Zubrot verdienen. Niemand kümmert sich um die Toten, kaum einer weint den *desechables* eine Träne nach. Der Tod des anderen interessiert kaum jemanden, schon gar nicht, wenn es sich um Diebe und Straßenkinder handelt. In den letzten zwanzig Jahren hat sich die *»limpieza social«* zur Dauereinrichtung entwickelt – die Polizei schaut gleichgültig zu, und der Staat rührt keinen Finger.

Vertreibungen heute

Der 20. Februar 2002 wird in die anscheinend unendliche Geschichte der kolumbianischen Flüchtlingsbewegungen eingehen – Ausgangspunkt eines neuen, in seinen Konsequenzen noch nicht absehbaren Schubs der Vertreibung und Verelendung. In den letzten 15 Jahren sind in Kolumbien

57 Bezeichnung für sozialen »Abschaum«, »Wegwerfmenschen«

58 Killer

zwei Millionen Menschen gewaltsam aus ihrer Heimat vertrieben worden, mehr als die Hälfte von ihnen – etwa 1100000 – im Kindesalter. Mit der Vertreibung haben die Minderjährigen Heimat, Freunde, ihre Kultur, oft die ganze Familie verlassen und auch die Möglichkeit verloren, jemals wieder eine Schule besuchen zu können.

Die in Kolumbien wie in ganz Lateinamerika bereits in den dreißiger und vierziger Jahren des 20. Jahrhunderts ansteigenden starken Migrationsbewegungen führten dazu, dass die zentral gelegenen Städte in kurzer Zeit auf das Doppelte und Dreifache ihrer Bevölkerungszahl anwuchsen. In Kolumbien gilt dies vor allem für die größte und zweitgrößte Stadt des Landes, für Bogotá und Medellín. Der Migration gingen stets Gewalt und Terror voraus, und sie folgen ihr auch nach. Von Landbesetzungen, Invasionen, städtischer Kolonisation sind so gut wie alle Städte Kolumbiens geprägt. Um die Metropolen herum legten sich breite Elendsgürtel, wuchernd wie Krebsgeschwüre. Gleichzeitig wurde das Land von aufeinander folgenden Krisen gebeutelt: der Textilkrise im zentral gelegenen Antioquia während der Dekade von 1970, der Finanzkrise des ganzen Landes zu Beginn der Dekade von 1980 und dem Anwachsen des Drogenhandels mit unabsehbaren ökonomischen, politischen, sozialen und kulturellen Folgen. Vertriebene sind Nomaden im eigenen Land.[59] Die Flüchtlinge, entwurzelte und zerstörte Familien, gelangen oft erst nach geraumer Zeit in eine Stadt, wo sie Lebensbedingungen vorfinden, die nicht die ihrigen sind. Aus Vertriebenen vom Land werden marginalisierte Städter. In den Elendsvierteln der Metropolen, denen zu entfliehen sie keine Chance haben, müssen sie für immer Fremde bleiben. Aufgrund ihrer Lebensart und Einstellung, ihrer Ausbildung und Fähigkeiten werden sie sich kaum angemessen ins städtische Leben integrieren können. Die Kinder der Flüchtlinge verlieren mit der gewohnten Umgebung, die ihnen bis dahin Sicherheit und Schutz gewährte, Orientierung und überlebensnotwendige Perspektiven. Die Stadt wird ihnen kein neues Zuhause bieten. Stattdessen werden sie auf die Straße geschickt und müssen zum Lebensunterhalt ihrer Familien beitragen. Am schnellsten lernen sie zu betteln. Viele werden straffällig. Die Möglichkeit, den Schulbe-

59 Vgl. zum Folgenden Marco Antonio Vélez: El desplazamiento en Colombia, unveröffentlichtes Manuskript, Medellín 2001.

such wieder aufzunehmen, den die Flucht unterbrochen hat, bleibt den meisten versperrt, und wenn sie doch einmal die Chance dazu haben, gelingt es ihnen gewöhnlich nicht, mit den anderen Kindern Schritt zu halten.

Mitte der achtziger Jahre gewann man den Eindruck, dass die Migration vom Land in die Städte zum Stillstand gekommen sei. Der Anschein trog. Es war die Ruhe vor einem neuen Sturm mit noch verheerenderen Vertreibungen, noch größeren Flüchtlingsströmen. Heute sind von den 1097 kolumbianischen Städten 816 unmittelbar von den Flüchtlingsbewegungen betroffen.[60] Eine Friedensinitiative nach der anderen, die die Regierungen mit den Guerillabewegungen anstrebten, scheiterte. Während der »Friedensdialoge« setzten Guerilla und Militär ihre Kampfhandlungen fort. Unterdessen wuchsen die Zahl der paramilitärischen Gruppen und ihre Schlagkraft. Die Drogenhändler weiteten, trotz einiger spektakulärer Erfolge der Polizei, ihre Aktivitäten aus. Die meisten Slums der großen Städte stammen aus den letzten beiden Jahrzehnten des 20. Jahrhunderts. Seit 1990 versucht die Regierung dort, mit politischen und sozialen Programmen die Lebensqualität der Bewohner zu verbessern. Als die einstigen Flüchtlinge sich ihrer neu gewonnenen Rechte als Bürger der Stadt bewusst wurden, kamen neue Migranten dazu und überfluteten die *barrios*[61]. Heute herrscht in den Kommunen die denkbar dichteste Besiedlung, und eine andauernde und sich noch steigernde Zuwanderung, begleitet von illegalen Landbesetzungen und Wuchergeschäften skrupelloser Grundbesitzer und Spekulanten, führt zu unvorstellbar bedrückender Enge. Die Zuwanderer sehen sich gezwungen, immer weitere Gebiete der Umgebung illegal zu besetzen und zu besiedeln. Viele Baugrundstücke sind kaum 20 Quadratmeter groß, und in einem einzigen kleinen Raum wohnen nicht selten ein Dutzend Personen. Der Mangel an Lebensraum, die Arbeitslosigkeit, die Illegalität, der übliche Drogenkonsum schaffen eine Atmosphäre der Gewalt, die sich immer wieder explosionsartig entlädt.

Die neue Welt der Stadt und der Slums erscheint als ein grell-buntes Gemisch extremer kultureller Gegensätze. Die Entwurzelung der Menschen,

60 Vgl. EL TIEMPO, 23. März 2002, S. 1–10.

61 Wohnviertel

ihr verzweifelter Kampf ums Überleben, der Widerspruch zwischen den Lebensbedingungen des Landes und der Stadt, die Bedrohung durch Guerilla wie Paramilitärs, alltäglicher Mord und Totschlag erzeugen eine hybride Situation voller Spannung und Gewaltbereitschaft. Dabei führen die Selbstverteidigungsmilizen der Slums ein hartes Regiment. Sie wollen verhindern, dass sich Angehörige und Sympathisanten der Guerilla oder der Paramilitärs in den Slums einnisten und den Konflikt vom Land auch in die städtischen Wohnviertel tragen. Wer sich verdächtig macht, wird vertrieben oder liquidiert. Bewaffnete Selbstverteidigungsgruppen, angetreten, um sich und die Nachbarschaft zu schützen, verbreiten Terror und Willkür. Trotz aller Gegenmaßnahmen sind Guerilleros und Paramilitärs längst den Flüchtlingen vom Land in die Stadt gefolgt, wo sie ihre Opfer auch weiterhin bedrohen und terrorisieren. Dies verschärft die Atmosphäre von Unsicherheit und permanentem Misstrauen. Keiner spricht offen mit dem anderen, niemand berichtet, woher er wirklich kommt. Der andere könnte gefährlich sein, ob als einfacher Krimineller, als Mitglied einer Guerillagruppe oder der Paramilitärs, ob als Angehöriger der AUC, einer privaten Verteidigungsgruppe oder als Sympathisant einer der zahlreichen bewaffneten Jugendbanden, die, angeblich von erfahrenen Polizisten und Militärs ausgebildet, für jeden Auftrag bereitstehen und kostensparend und kurzfristig jeden gewünschten Mord auszuführen bereit sind.

Ungeachtet der aussichtslosen Lage machen sich die Flüchtlinge vom Land mit dem Mut der Verzweifelung an die Arbeit und versuchen ein neues Leben aufzubauen. »Der Krieg zwischen Paramilitärs und Guerilla hat uns vertrieben«, sagt einer von ihnen. »Gut, jetzt sind wir hier und müssen zusehen, wie wir überleben. In meinem Haus wohnen sechs Familien, und die Männer haben alle keine Arbeit. So müssen wir also rausgehen und betteln. Wenn wir Glück haben, lässt man uns auch mal etwas arbeiten, zum Beispiel putzen in einem Haus oder einem Lokal. Wir akzeptieren alles, damit wir den Kindern etwas zu essen geben können – wir können sie ja nicht nur von Zuckerwasser ernähren.« Was die Menschen plagt, sind Hunger, Kälte, Krankheit, Einsamkeit und Perspektivlosigkeit. Sie sind ganz auf sich gestellt. Überlebensnotwendig ist es, irgendeine Arbeit, eine Bleibe, ein Stückchen Land zu finden, auf dem man eine Hütte bauen kann. Glück hat, wer als Gelegenheitsarbeiter am Bau unterkommt, in einem Haushalt oder einem Restaurant helfen kann. Viele versuchen es als »fliegende Händler«, manche eröffnen gar einen kleinen Laden. Kinder und Alte putzen Schuhe oder die Scheiben der Autos, die an den Ampeln halten. Die Kleinsten verkaufen Früchte und Wasser, Süßigkeiten und Kleinkram in Bussen und vor Kinos. Andere beschränken sich aufs Betteln oder Stehlen.

Vertriebene besitzen keinerlei Ausweise. Kaum einer kann Dokumente vorlegen, aus denen hervorgeht, dass man ihn verjagt hat. Terroranschläge und Überfälle, Mord und Bombenattentate ließen keine Zeit, um den Aufbruch vorzubereiten und die notwendigsten Habseligkeiten zusammenzuraffen. Am eigenen Schicksal erfahren die Vertriebenen nun hautnah, dass sie niemandem trauen können, offenbar nicht einmal den öffentlichen Instanzen, die angeblich für die Belange der Flüchtlinge eintreten und ihnen zu ihrem Recht verhelfen sollen – Vertriebene haben kein Recht. Der einzige Schutz vor weiterer Verfolgung ist es, anonym zu bleiben. So verbergen sie sich, vor Nachbarn und vor allem vor den staatlichen Instanzen. Wider allen Augenschein behaupten sie, sie hätten ihre Dörfer und Höfe freiwillig verlassen, um in der Stadt Arbeit und ein besseres Auskommen zu finden. Von gewaltsamer Vertreibung wird nicht gesprochen. Sich unsichtbar machen, das scheint die beste Überlebensstrategie zu sein. Aber die Angst verlässt die Menschen nie. Nachts könnten ihre Hütten eingerissen werden, die auf einem Gelände stehen, das anderen gehört. Nie wird man die Furcht los, von den Mörderbanden aufgespürt und umgebracht zu werden. Wer konnte schon vor der Flucht seine Angelegenheiten regeln und seine Schulden begleichen? Die wiegen jetzt mehr als der Tod von Söhnen und Verwandten, mehr als der Verlust des Landes und des Hauses. Die Paramilitärs pflegen ihre Feinde überall aufzuspüren, entrinnen kann man ihnen nicht. So verfolgt der Terror die Flüchtlinge, vor dem sie geflohen sind, auf Schritt und Tritt.

Zum Beispiel: Medellín

Camilo ist sieben Jahre alt und war lange Mitglied der bewaffneten Jugendbanden. Mit elf Jahren kam er zum ersten Mal in Kontakt mit Waffen. Die Schule machte ihm keinen Spaß mehr, und in der fünften Klasse hatte er die

Nase voll davon. Er wollte schnell möglichst viel Geld verdienen. Es dauerte nicht lange, bis er seinem Ziel näher kam. Zusammen mit anderen Jugendlichen überfiel er Busse und Einkaufsläden. »Zu Hause war es unsere große Schwester, die auf mich und meine vier Brüder aufpasste. In dieser Zeit war meine Mutter beim Arbeiten. Sie half in einem Restaurant aus. Mein Vater war von einem Auto überfahren worden«, erzählt Camilo. Von den Milizen wandte er sich ab, als seine Kameraden eines Tages seine Mutter umzubringen drohten, falls sie nicht augenblicklich aus dem *barrio* verschwinden würde. Es blieb ihm nichts anderes übrig, als zu fliehen. Er gelangte in das Barrio Kennedy im Nordwesten Medellíns, und es dauerte nicht lange, bis er sich dort eingewöhnt hatte. »Da gab es andere Kumpels, mehr Waffen und mehr Motorräder«, berichtet er. Sein Leben verlief wieder »normal«, bis ihn eines Tages drei Schüsse aus einem Revolver niederstreckten. Stolz erklärt er: »Sie dachten, sie hätten mich erwischt, aber ich erholte mich und fühlte mich stärker denn je.« Er entkam ins Barrio Pablo Escobar östlich des Zentrums der Stadt, dessen Bewohner nach dem Tod des Drogenbosses und auch heute noch auf diesem Namen ihres Viertels bestehen, und setzte seine »Geschäfte« in gewohnter Weise fort. Eines Tages brachten ihn Freunde mit der Organisation No Matarás – was so viel bedeutet wie »Du sollst nicht töten« – der Erzbischöflichen Diözese in Kontakt, die Jugendliche von der Straße aufsammelt, ihnen Beschäftigung und verschiedene Unterrichtsprogramme anbietet. Camilo fiel es anfangs sehr schwer, sich zu entscheiden. »Einerseits wollte ich mit anderen Kameraden dort mitmachen, andererseits hatte ich keine Lust, meine Waffen abzugeben.« So tat er beides: Er lernte lesen und schreiben, und verübte auch weiterhin bewaffnete Überfälle. Dieses »Doppelleben« ging eine Zeit lang gut, bis er an einem Drogenentzugsprogramm erfolgreich teilnahm und den »Pakt mit der Gewalt« schließlich freiwillig aufkündigte. Heute wohnt Camilo in Moravia, einem der Viertel, das auf einer der zahlreichen Abfallhalden Medellíns entstanden ist. Inzwischen ist er 24 Jahre alt und arbeitet in Hilfsprogrammen mit anderen Jugendlichen, die ähnliche Erfahrungen wie er gemacht haben. »Ich selbst«, sagt er, »bin das beste Argument für die *muchachos*[62], die Waffen zur Seite zu legen.«[63]

---

62 umgangssprachlich: »Jungs«, Jugendliche

63 Vgl. El Tiempo, 17. März 2002, S. 1–21.

Medellín ist eine der Flüchtlingshochburgen Kolumbiens. Bedingt durch die Migration wuchs die Stadt seit den dreißiger und vierziger Jahren rasch auf das Vielfache ihrer Bewohner an. Die aufeinander folgenden Migrationswellen wurden begleitet von zunehmender Armut und Gewalt. Die ständig neuen und willkürlichen Landbesetzungen durch Hunderte von Flüchtlingen stellen die Stadtverwaltung nach wie vor vor unlösbare Probleme. Die Elendsgürtel wuchern unaufhörlich über jedes freie Gelände, über Hügel und Berge im Umkreis der Stadt hinweg. Tag für Tag gelangen neue Flüchtlingsgruppen nach Medellín. Bevor sie eintreffen, verweilen sie in anderen Städten, bis sie dort von Gewalt und Not weitergetrieben werden. Die einzige Hilfe, die ihnen in den Slums von Medellín zuteil wird, kommt von Familienangehörigen und Freunden, die sich bereits Jahre zuvor auf den Weg in die Metropole gemacht haben und dort Unterschlupf finden konnten. Die Stadt zählt heute insgesamt sechzehn Comunas; allein dreizehn von ihnen beherbergen Flüchtlinge. Von insgesamt 288 *barrios* sind 56 größtenteils von Flüchtlingsfamilien bewohnt. Der Höhepunkt der Vertreibungen wurde im Jahr 1996 und in der Zeit danach erreicht, als ganze Siedlungen auf dem Land zerstört und die dort ansässigen *veredas*[64] geplündert und niedergebrannt wurden. Die Menschen mussten Hals über Kopf fliehen. Auf den Berghöhen im Nordosten bzw. -westen und westlich des Zentrums von Medellín begannen dann viele von ihnen ein neues Leben aufzubauen.

Zunächst fanden die Menschen dort keinerlei Infrastruktur vor. Es mangelte an Wasser, Strom und Abwasserkanälen. Auch fehlten sanitäre Einrichtungen und Krankenhäuser; Einkaufsläden und Erziehungseinrichtungen gab es nicht. Dafür herrschte überall Arbeitslosigkeit, Unterernährung und Gewalt. Überdies war das Gelände für eine Bebauung völlig ungeeignet; es zählt zu den *»zonas de alto riesgo geológico«*[65]. Nach starken Regenfällen rutschen dort immer wieder ganze Berghänge ab und begraben Häuser und Menschen. Dennoch bauen die Flüchtlinge immer wieder mit unvorstellbarer Hartnäckigkeit und Fleiß neue Bretterhütten und Steinhäuser auf. Sie verwandeln Schlammwege in Asphaltstraßen, ziehen Stromleitungen,

---

64 ländliche Siedlungen

65 Gegenden, die stark von Erdrutschen bedroht sind

verlegen Rohre und graben Abwasserkanäle. In der Vergangenheit konnten dort immer mehr Schulen, Kirchen und Gemeindezentren entstehen.

Die Flüchtlingsbewegung der letzten Jahre hat erneut mehr als 100000 Menschen nach Medellín gebracht. Jeden Tag kommen neue hinzu.[66] Angesichts der Gewalt und des unablässigen Kampfes ums tägliche Überleben stellen die neuen Wohnviertel extrem spannungsgeladene Konglomerate dar. Die Aussichten sind düster. »Wenn es so weitergeht«, schreibt ein Journalist der Tageszeitung El Colombiano, »werden dieses Jahr in Medellín 4000 Menschen getötet, mehrheitlich junge Männer.«[67] Die Auswirkungen der *violencia* sind besonders für die Jüngeren gravierend: Die junge männliche Bevölkerung ist zahlenmäßig stark dezimiert. Viele Frauen sind auf sich allein gestellt und müssen arbeiten gehen, um ihre Familien durchzubringen, und wissen oftmals nicht, wer sich an ihrer Stelle um die Kinder kümmern soll. Wenn die Kinder älter werden, merken sie schnell, dass Aggression das Einzige ist, was sie ihrer chancenlosen Zukunft und Anonymität entgegensetzen können.

Seit den neunziger Jahren haben sich in Medellín zahlreiche Jugendbanden gebildet, jederzeit bereit, zu töten und Bomben zu legen. Ihre Auftraggeber und Finanziers kommen hauptsächlich aus dem Drogenhandel. Camilo, der einstige Milizenanhänger, erzählt: »Pablo Escobar brachte damals Scharen von Jugendlichen zusammen, indem er ihnen verlockende Anreize in Aussicht stellte: jede Menge Geld, rauschende Feste, tolle Mädchen, modische Kleider, modernste Waffen. Keiner hatte den *muchachos* je ein besseres Angebot gemacht. Sie griffen ohne zu zögern zu.«

Die Regierung und die Weltöffentlichkeit wurden auf die jugendlichen Mörder aufmerksam, als am 30. April 1984 der kolumbianische Justizminister Rodrigo Lara Bonilla von einem Sechzehnjährigen *sicario*[68] erschossen wurde. Die Reaktion ließ nicht lange auf sich warten. Die Polizei griff in den Randsiedlungen zu, wahllos und ohne Nachsicht. Zwischen 1990 und 2000 kamen allein in Medellín 40000 Jugendliche aufgrund von Polizeigewalt zu

---

66 Vgl. El Colombiano, 18. März 2002, S. 1d.

67 Vgl. ebd., S. 4a.

68 jugendlicher Berufskiller

Tode. Das Problem jugendlicher Kriminalität besteht heute unvermindert fort, und es weitet sich vor allem in den Comunas aus. Angeblich gibt es dort kein Viertel mehr, in dem nicht verschiedene Banden, um die Vorherrschaft kämpfen, während Guerilla und Paramilitärs mit brutaler Gewalt die Jugendlichen auf ihre Seite zu ziehen versuchen. Unter den jungen Leuten in der Stadt findet man viele, die sich vor dem Zugriff der Banden aus ihren Wohnvierteln geflüchtet haben. Sie ziehen die Obdachlosigkeit dem Terror vor. Die Flüchtlingsbewegung innerhalb der Stadt betrifft hauptsächlich Minderjährige.

Jede Nacht hört man irgendwo Schüsse und Explosionen. Am 20. März 2002 zum Beispiel meldeten die Tageszeitungen Medellíns wilde Schießereien aus dem Barrio 20 de Julio. In der dortigen Schule – so hieß es – hätten von normalerweise 500 Schülern gerade einmal 50 gewagt, zum Unterricht zu erscheinen. Die anderen hätten aus Angst ihr Zuhause nicht verlassen, da die Schießereien zwischen den Ordnungskräften und den Milizen anhielten. »Die Mütter haben uns angerufen und gesagt, sie wollten das Leben ihrer Kinder nicht aufs Spiel setzen«, erklärte eine Lehrerin, »deshalb ließen sie sie lieber zu Hause und warteten ab, ob die Schießereien aufhörten.« Die Feuergefechte hatten um zwei Uhr in der Nacht begonnen und dauerten bis acht Uhr am Morgen an. Angeblich seien dabei sieben Personen verletzt worden, unter ihnen drei Jugendliche.

In Kolumbien wurden im Jahr 2001 6270 Jugendliche unter 18 Jahren wegen Straftaten wie Totschlag, Überfällen, Verletzungen und sexuellem Missbrauch verurteilt.[69] Allein in den Straßen Medellíns treiben sich nach Auskunft der Behörden zurzeit 30000 straffällige Kinder und Jugendliche herum. »Ein Motorrad besitzen, die neueste Mode tragen, Eindruck auf die Kameraden machen, Mädchen ›aufreißen‹ – das ist das Einzige, was sie im Kopf haben«, meinen viele Erwachsene. Die fünf Jugendrichter der Stadt hatten im Jahr 2001 je 800 Fälle zu bearbeiten. Bei über 30 Prozent der Prozesse ging es um schweren Diebstahl, bei 20 Prozent um unerlaubtes Tragen von Waffen, bei 10 Prozent um Drogenkonsum, bei fast noch einmal so vielen um Körperverletzungen oder um die Mitgliedschaft in bewaffneten

69 Vgl. El Colombiano, 24. März 2002, S. 8a.

Banden.[70] Befragt nach dem Grund für ihr Vergehen, verwies die Hälfte der Minderjährigen auf Streit und Auseinandersetzungen in der Familie und mit Freunden. 25 Prozent hatten den Wunsch, von zu Hause wegzukommen. Über 30 Prozent reagierten auf Konflikte im Wohnviertel. 60 Prozent gaben an, sie hätten es ihren Kameraden und Freunden gleichtun wollen. 26 Prozent standen unter Alkoholeinfluss, 50 Prozent waren nach dem Konsum von Marihuana und anderen Drogen straffällig geworden. Die meisten hatten dabei Waffen getragen, viele waren selbst Drogendealer.[71]

Tausende von Kindern und Jugendlichen durchlaufen die verschiedensten Resozialisierungsprogramme der Stadt, die sich unerklärlicherweise proportional ebenso schnell vermehren wie die Zahl der auf der Straße landenden Kinder. Es gibt teilweise offene und geschlossene Einrichtungen auch mit eigenen Entzugsprogrammen. Von den sozialpädagogischen Maßnahmen profitieren indessen nur die jüngeren Kinder. Wer über 15 Jahre alt ist, hat verloren. Für ihn gibt es kein Angebot mehr. Offenbar haben Gesellschaft und Kirche die Hoffnung aufgegeben, die Älteren »retten« zu können. Mädchen haben es besonders schwer. In die meisten Einrichtungen dürfen sie überhaupt nicht hinein. Kaum jemand kümmert sich um Straßenmädchen, die schwanger geworden sind und ihre Kinder auf der Straße bekommen. Die bisherigen Bemühungen, das Problem der kriminellen Jugendlichen zu lösen, haben keine positiven Ergebnisse gebracht. »Wir müssen jetzt einfach richtige Gefängnisse für Jugendliche bauen«, erklärte Luis Pérez, der Bürgermeister der Stadt Medellín. »Dort werden wir sie zwangsweise erziehen. Wir werden sie nicht wieder hinauslassen, ehe sie nicht völlig wiederhergestellt und in Ordnung sind. Anders werden sie von dort nicht mehr wegkommen. So lange wird sie die Polizei festhalten.«[72] Angesichts der immer noch steigenden Kinder- und Jugendkriminalität – 1998 wurden in Kolumbien 2357, im Jahr 2001 3347 Jugendliche allein wegen Diebstahl verurteilt – schwebt dem Justizministerium ein neues Jugendstrafgesetz vor, das vor allem bei Vergehen wie Stehlen, Erpressung, Folter und Terrorismus Anwendung finden soll. In den neuen Jugendgefängnissen sol-

70 Vgl. El Tiempo, 17. März 2002, S. 1–20.

71 Vgl. ebd., S. 1–21.

72 Vgl. ebd., S. 20.

len die Kinder »erzogen« bzw. resozialisiert werden. Außerdem ist geplant, Straffällige zu nützlichen Tätigkeiten für jeweils einige Hundert Tage zu verurteilen. Man denkt auch an Arreststrafen von 25 bis 100 Wochenenden.[73] Indessen liegt es auf der Hand, dass Straßenkinder mehr als nur Strafe und Erziehung brauchen, nämlich die Möglichkeit, etwas Sinnvolles aus ihrem Leben zu machen. Die Rückfälligkeit der angeblich resozialisierten Jugendlichen nach der Teilnahme an den verschiedenen Programmen in Medellín lag zwischen 1996 und 2001 bei mindestens 25 Prozent, in anderen Ländern, beispielsweise in den USA, bei weniger als der Hälfte.[74]

---

73 Vgl. El Colombiano, 24. März 2002, S. 8a.

74 Vgl. El Tiempo, 17. März 2002, S. 1–20.

Strassenkinder, ein Weltproblem

Aufgrund des Ansturms der Flüchtlinge sind die Straßen der südamerikanischen Metropolen zu Orten des Überlebenskampfes einer großen Zahl von Stadtbewohnern geworden – Szenarien fortwährender und häufig tödlich ausgetragener Konflikte, in denen die Kriminellen, unter ihnen viele Kinder, die wichtigste Rolle spielen. Der Straße verdanken diese Menschen ihren Unterhalt; tags leben sie und nachts schlafen sie dort. Zusammen mit vielen anderen, wie Müllsammlern, Prostituierten und »fliegenden Händlern«, Dieben und Drogenhändlern, die alle auf der Straße ihr Überleben sichern, teilen unzählige Minderjährige ihr Schicksal. Kinder beteiligen sich an jeder Art von Arbeit der anderen Straßenbewohner und versuchen sich wie diese Einkünfte und Auskommen zu verschaffen. So verläuft ihr Leben in einer Atmosphäre geprägt von Kriminalität und Gewalt, wo mit Drogen gehandelt wird und der Straßenmarkt Geraubtes und Gestohlenes wieder unter die Leute bringt. Um auf Dauer auf der Straße überleben zu können, bedarf es großer Kreativität und Kühnheit, besonderen Geschicks und eines geschärften Verstandes. Straßenkinder leben in ständiger Herausforderung, stets an der Grenze zwischen Leben und Tod. Sie sind die Überlebenden eines immerwährenden Kampfes gegen die Gewalt, einer Gewalt, die für die meisten von ihnen in frühester Kindheit in der eigenen Familie begann, die sich fortsetzte im Wohnviertel und in der Schule, die sie schließlich von zu Hause vertrieb und die sie nun in anderer, massiverer Form tagtäglich begleitet. Gewalt, auf die sie, um überhaupt am Leben zu bleiben, mit eigener Gewalt reagieren müssen.

Gewalt, Charakteristikum des Alltags zerfallender Familien in Elend und Perspektivlosigkeit, treibt die Kinder aus dem Haus. Wenn Minderjährige aus verarmten Flüchtlingsfamilien von früh an gezwungen sind, das Überleben mit zu sichern, bleibt ihnen meist keine andere Wahl, als die Straße als Verdienstquelle zu nutzen. Gleichzeitig ist sie ihnen aber auch Verlockung und eine willkommene Alternative zu den bedrückenden häuslichen Verhältnissen. Tagsüber, wenn die Mütter arbeiten, bleiben die Kleinsten oft ganz allein, unbeaufsichtigt, hinter Schloss und Riegel eingesperrt, von Nachbarinnen notdürftig versorgt. In den Slums leben kaum noch Väter, jedenfalls viel zu wenige. Die Männer und älteren Brüder sind entführt und ermordet oder von Guerilleros und Paramilitärs an die Waffen gezwungen worden; andere haben in letzter Verzweiflung und Notwehr ihre Familien verlassen, weil sie keinen anderen Ausweg mehr sahen. Oftmals gehen die zurückgelassenen Frauen neue Bindungen ein, die sich aber nur selten günstig für ihre Kinder auswirken. Um sich bei dem Druck der ärmlichen Verhältnisse und ständigen Konflikte Luft zu machen, arten Streitereien in den Familien immer wieder in Schläge, Vernachlässigung, Missbrauch und Ausbeutung aus. Vielen Kindern bleibt als Ausweg nur die Straße.

Kolumbien gilt als *das* klassische Land der Straßenkinder, wo seit über 300 Jahren die Straße für viele der Ort des Lebens und Überlebens geworden ist. Seit dem 19. Jahrhundert wird dort das Phänomen der *»chinos de la calle«*[75] beobachtet und immer wieder beschrieben.[76] In der zweiten Hälfte

---

75 Kinder der Straße

76 Vgl. Javier Omar Ruíz/José Manuel Hernández/Luis Antonio Bolanos: Gamines. Instituciones y cultura de la calle, Bogotá 1998, insbes. S. 25ff.

des 20. Jahrhunderts wurden Straßenkinder zu einem Symbol für die so genannte Dritte Welt. Das Bild verwahrloster Kinder ist deshalb bei uns mit der Vorstellung von fernen Ländern assoziiert. Diese Sichtweise hat sich in jüngster Zeit jedoch verändert. Obdachlose Kinder, die auf den Schutz ihrer Familien nicht mehr zählen können, sind nicht mehr ausschließlich nur in den Städten der Entwicklungsländer zu finden, sondern auch in den Industrieländern, die man dagegen für immun gehalten hatte. Das einstige Problem »Straßenkinder« ist somit auch für Europäer zur traurigen Wirklichkeit geworden.

Selbst in Deutschland erwecken Straßenkinder unsere Aufmerksamkeit. Keiner weiß genau, wie groß ihre Zahl hier ist. Wahrscheinlich sind es nicht einige Zehntausend (wie öfter behauptet wird), sondern nur weniger als zweitausend – aber immerhin. Die meisten von ihnen sind, anders als die *gamines* in Kolumbien, keine Kinder mehr, sondern Jugendliche zwischen 14 und 18 Jahren. »Man lernt hier auf der Straße schnell, reifer zu werden in der

Birne«, sagt ein sechzehnjähriges deutsches Straßenmädchen. Die wenigen, die erst zehn Jahre alt oder noch jünger sind, so genannte »Kurzzeitausreißer«, verbringen meist nur wenige Wochen oder Monate auf der Straße. Obwohl sie formell noch ein Zuhause haben, ziehen sie die Straße der Familie vor.[77] Zu den deutschen Straßenkindern gehört auch eine beachtliche Zahl ausländischer Jugendlicher, wie in Frankfurt am Main zum Beispiel vor allem Marokkaner und Türken. Am Bahnhof Zoo in Berlin bieten sich Jungen aus Polen als Strichjungen an.

Viele Kleine im Kindergartenalter treiben sich bis in die Dunkelheit draußen herum. Sie sind zwar keine Straßenkinder im klassischen Sinn, halten sich aber länger auf der Straße und in ihrer Clique als in der Familie auf. Selten stammen die Jugendlichen auf deutschen Straßen und Plätzen aus Großstädten, häufiger kommen sie aus kleineren Gemeinden und dem ländlichen Raum. In den Innenzonen der großen Städte tauchen sie unter; dort finden sie Freunde und ausreichend Schutz in ihrer Anonymität. Im Unterschied zu kolumbianischen *gamines* kommen deutsche Straßenkinder meist nicht aus armen Familien, d.h. Armut scheint nicht der ausschlaggebende Grund dafür zu sein, dass sie weglaufen. Die meisten der Ausreißer haben Eltern, die ein eigenes Haus besitzen, nur einige wenige stammen aus Familien, die von der Sozialhilfe oder vom Arbeitslosengeld leben. Zu Hause haben sie Gewalt, Missbrauch und Vernachlässigung erfahren, und sie berichten zum Teil von äußerst grausamen Misshandlungen und sexueller Nötigung. Es ist vor allem der Mangel an Geborgenheit, der Kinder und Jugendliche in Deutschland auf die Straße treibt. Die meisten zweifeln daran, dass ihre Mütter sie überhaupt gern haben. Oft ist mindestens ein Elternteil Alkoholiker, viele von ihnen sind Scheidungskinder. Die Straße erscheint diesen Kindern und Jugendlichen erträglicher als ihr Zuhause. Dort sichern sie ihr Überleben durch Bettelei, Diebstähle, Prostitution oder als Drogenkuriere. Wenn sie den Eindruck gewinnen, zu den »Abgehängten« zu gehören, reagieren sie aggressiv oder depressiv. Leicht werden sie zu Sympathisanten rechtsextremer Parteien, sie helfen sich selbst durch Gewalt oder werden seelisch krank. Nahezu alle wollen sofort oder so bald wie möglich

---

77 Vgl. Markus Seidel: Straßenkinder in Deutschland, Berlin 1996.

wieder von der Straße weg, und sie sehnen sich nach Sicherheit, Geborgenheit und einem intakten Umfeld. Sie möchten wieder zur Schule gehen, einen Abschluss machen und einen Beruf erlernen. Gerne hätten sie eine feste Arbeit, eine Wohnung und eine eigene Familie mit Kindern.

Damit sind die Gemeinsamkeiten und Unterschiede deutscher und ausländischer Straßenkinder im Großen und Ganzen schon aufgezählt. Der Überlebenskampf der jugendlichen Straßenbewohner in den Ländern Lateinamerikas, Afrikas und Asiens ist natürlich unvergleichlich härter. Das Leben der Straßenkinder in den Ländern der Dritten Welt ist vielleicht mit dem der Kinder im vorletzten Jahrhundert in Europa vergleichbar. Wie damals in unserem Erdteil, so bleibt heute den in Afrika und Südamerika lebenden Kindern und Jugendlichen der Straße der geschützte Lebensraum versagt, der als Voraussetzung für eine gesunde Entwicklung gilt, in der die Heranwachsenden ihre Fähigkeiten und ihre Identität entfalten können. Eine Unterscheidung oder Trennung der Lebensphasen in Kleinkinder, Kinder und Jugendliche gibt es in den Ländern der Dritten Welt nicht. Kindheit als Zeit des Spielens und Lernens ist nur dort möglich, wo Eltern sich dieses Gut auch leisten können und wo es möglich ist, »nutzlose Kostgänger« anstatt nützliche Mitverdiener großzuziehen. In vielen Ländern gibt es für Kindheit und Jugend in unserem Sinne überhaupt keinen Platz; dies wäre aus der Sicht armer Landarbeiter auch völlig überflüssig.

Früher war es bei uns nicht anders, Kinderarbeit und Straßenkinder waren auch in Europa eine verbreitete Erscheinung. In der frühen Neuzeit versuchten die christlichen Obrigkeiten der Plage streunender Bettelkinder irgendwie Herr zu werden – in Österreich und Bayern zum Beispiel verfolgte man die jungen Vagabunden und Diebe als Hexer und Zauberer, um sie auf diese Weise leichter beseitigen zu können.[78] Noch im 19. Jahrhundert war in Mitteleuropa Kinderarbeit so alltäglich wie heute in vielen südlichen Ländern; sie begleitete den Aufstieg des Bergbaus und der Eisenhüttenindustrie in den Revieren des Ruhrgebietes. Dort schleppten noch vor 150 Jahren Zehnjährige Kohlen, verluden Erz, schoben Karren, arbeiteten in engen Nebenschächten der Bergwerke – genauso wie heute noch in Kolumbien.

78 Vgl. Hartwig Weber: Kinderhexenprozesse, Frankfurt am Main 1991.

Kinder schufteten als Lastenträger in deutschen Häfen, arbeiteten im Akkord an Webstühlen und in Tabakmanufakturen. Als Anfang des 19. Jahrhunderts die Forderung laut wurde, Kinderarbeit abzuschaffen, drohten Europas Manufakturbesitzer damit, dass sie die Fabriken schließen müssten und dass die betroffenen Familien dann an Hunger sterben würden. Immerhin verfügte Großbritannien in seinem Fabrikgesetz von 1833, dass neun- bis elfjährige Textilarbeiterkinder sechsmal wöchentlich zwei Stunden Unterricht erhalten sollten – neben der Arbeit. Heute beziffert das Kinderhilfswerk der Vereinten Nationen (UNICEF) die Zahl der Kinder, die sich als Bettler, Stricher, Diebe und Dealer auf den Straßen der Welt durchschlagen, auf 20 bis 30 Millionen.

Straßenkinder gibt es nicht nur in Bogotá und Bombay, in Nairobi und Manila, sondern auch in St. Petersburg und London, in Lyon und Paris, Bradford und Manchester – Millionen Minderjährige rund um den Globus leben in extremer Armut und sind gezwungen, selbst dafür zu sorgen, dass sie nicht verhungern.

In den 4000 Städten Brasiliens leben 7 Millionen Kinder auf der Straße als Bettler, Schuhputzer, Diebe oder Prostituierte. In Rumänien sind mindestens 60000 Kinder von zu Hause weggelaufen, schlafen in Hauseingängen, Ruinen und Bahnhofsnischen, auf Fernwärmerohren, aufgeheizten Gullydeckeln oder in Kanalschächten. In den ehemaligen Sowjetrepubliken haben Arbeitslosigkeit und tägliche Not Hunderttausende Minderjähriger aus ihren Familien auf die Straße getrieben. Allein in Moskau leben fast 150000 Straßenkinder. Von den 200000 Kindern und Jugendlichen, die dort jedes Jahr wegen irgendwelcher Straftaten verurteilt werden, sind die Hälfte Straßenkinder. In Afrika haben Kriege und Naturkatastrophen unzählige Kinder zu Waisen gemacht. In afrikanischen, asiatischen und lateinamerikanischen Städten pflegt man in unregelmäßigen Abständen die Straßen und Bürgersteige von Kleingewerbetreibenden und Straßenkindern zu »säubern«. Bulldozer zerstören die Bretterbuden, die Kinder werden auf Lastwagen gepackt und an den Stadtrand gekarrt, viele erschossen. In Äthiopien, dem ärmsten Land der Welt, leben nach zwei Jahrzehnten Bürgerkrieg, Wirtschaftskrisen, Hungersnöten und Dürrekatastrophen 60 Prozent der Bevölkerung unter der Armutsgrenze und etwa 150000 Kinder auf der Straße.

Mädchen gebären ihre Kinder im Freien. Nach Schätzungen von UNICEF ziehen dort 10 000 junge Mütter ihre Babys auf der Straße groß. In Maputo, der Hauptstadt Mosambiks, sind die meisten Straßenkinder bewaffnet, zumindest mit einem Messer. Ständig kommt es zu Kämpfen zwischen Jugendbanden. Der dreißigjährige Bürgerkrieg hat 5 Millionen Menschen entwurzelt, 1,7 Millionen als Flüchtlinge aus dem Land vertrieben, 250 000 Minderjährige zu Waisen gemacht. In Asien müssen angeblich mehr als 100 Millionen Kinder ihren Lebensunterhalt selbst verdienen. In den Städten Chinas sind 80 Prozent der Kinder im Alter von sechs bis vierzehn Jahren als Haushaltsgehilfen tätig, viele von ihren Eltern, die als Wanderarbeiter von Stadt zu Stadt ziehen, allein gelassen. Die Zahl der Kinderarbeiter in Indien soll mindestens 50 Millionen ausmachen. Im Bahnhofsviertel von Bangkok werden auf einer Art »Sklavenmarkt« Mädchen und Jungen für wenig Geld an Arbeitsvermittler verhökert. Ein Kind »kostet« etwa 35 €, verkauft wird es für die zehnfache Summe. Die hübschesten Mädchen und Jungen kommen direkt in die Bordelle. Überall auf der Welt steigen Kinder, angelockt vom schnellen Geld, bei Dealern ins Geschäft ein, sie lassen sich von der Mafia, die den Rauschgifthandel beherrscht, als Späher, Wächter und Kuriere anwerben und werden mit Waffen versorgt. Wenn sie nicht parieren oder zu viel wissen, werden sie beseitigt. In vielen Städten der Welt sind die Hälfte der gefassten Drogenkuriere Minderjährige.

Die Schicksale der Straßenkinder sind so unterschiedlich wie die Länder und Kulturen unserer Welt, die Gründe und Wege, die Kinder und Jugendliche auf die Straße führen, so vielfältig wie das Leben selbst; sie lassen sich kaum auf einen Nenner bringen. *Das* typische Straßenkind gibt es nicht. Dennoch stößt man auf wiederkehrende Motive, Verläufe und Strukturen von »Straßenkarrieren«.[79] Straßenkinder haben sich von den Ordnungen und Instanzen abgewendet, die die Gesellschaft für sie bereithält. Sie haben Familie, Schule und Berufsausbildung den Rücken gekehrt und die Straße zum Lebensmittelpunkt gemacht. Notgedrungen entwickeln sie ein Überlebenssystem als Ersatz für die fehlende Familie. Auf die Ausgrenzung, die sie er-

79 Vgl. Walther Specht: Jugend auf der Straße und Mobile Jugendarbeit. In: Ders., Straßenfieber, Stuttgart 1991, S. 31.

fahren, reagieren sie mit Aggression und Kriminalität. Was ihnen fehlt, sind Zuwendung, Geborgenheit und Erziehung. Menschenrechte – wie das Recht auf Freiheit, Nahrung, Gesundheit und Bildung – gelten für sie nicht. Stattdessen stoßen sie meist nur auf Ablehnung und Gleichgültigkeit.

Manche Beobachter trennen die jungen Straßenbewohner in zwei Kategorien: in »Kinder auf der Straße«, die dort tagsüber ihr Auskommen suchen und abends zu ihren Familien zurückkehren, und in »Kinder der Straße«, die ganz ohne die Hilfe von Verwandten auskommen müssen. Meist versuchen auch Letztere zumindest zu Beginn ihrer Karrieren auf der Straße eine Verbindung zu den Eltern aufrecht zu halten; aber für viele ist dies nicht möglich, oft beiderseits auch nicht erwünscht.

Das durchschnittliche Alter zu Beginn des Lebens auf der Straße liegt weltweit bei acht Jahren, die meisten sind um 15 Jahre alt. Überall gibt es mehr Jungen als Mädchen, deren Anzahl in den letzten Jahren jedoch erheblich gewachsen ist. Gemessen an der Not und Vernachlässigung, die die Kinder in ihren Familien erlebt haben, schafft ihnen die Straße zunächst meist Erleichterung. Sie ist ihnen Zuflucht, eine ständige Quelle von Faszination und Erregung und bietet vielerlei Abwechslung, wofür Bedrohung, Gewalt und Krankheit in Kauf genommen werden.

In den am meisten betroffenen Ländern – wie in Kolumbien – wird ein Teil jeder neuen Generation auf der Straße geboren. Kinder gebären Kinder, die ihr ganzes und meist kurzes Leben auf der Straße zubringen werden.

Kinder sind angeblich das wertvollste Gut der Menschheit, Hoffnung der Gesellschaft, Träger der Entwicklung, Garanten der Zukunft. Das Beste, heißt es deshalb in der UNO-Charta der Rechte des Kindes, die in der Allgemeinen Erklärung der Menschenrechte von 1948 niedergelegt und in der Kinderrechtskonvention von 1989 bestätigt wurde, schulden die Erwachsenen ihren Kindern. So haben sich denn die Regierungen der meisten Länder der Welt verpflichtet, den Heranwachsenden besondere Hilfe und Schutz zu gewähren und sie vor Willkür und Schaden zu bewahren. Diese Rechte sollen ausnahmslos für alle gelten, unabhängig davon, wo die Kinder leben, welche Hautfarbe sie haben, ob sie reich oder arm, Junge oder Mädchen sind. Demnach haben Kinder ein Recht auf Gesundheit, medizinische Vorsorge und Betreuung. Sie sollen eine kostenlose Grundschulbildung erhalten und auch weiterführende Schulen besuchen können. Erholung, Freizeit, Spiel und die Teilnahme an kulturellen und künstlerischen Aktivitäten stehen ihnen zu. Sie haben das Recht, sich zu informieren, ihre Meinung frei zu äußern und auch angehört zu werden. Niemand darf ihnen eine gute Erziehung verweigern. Ihren Eltern oder anderen Erziehungsberechtigten ist es verboten, die Kinder zu misshandeln. Im Falle eines Krieges oder auf der Flucht sollen die Minderjährigen besonderen Schutz und Hilfe erfahren. Vor ausbeuterischer Arbeit und sexuellem Missbrauch sind sie zu schützen. Darüber hinaus wird ihnen das Recht garantiert, mit ihren Eltern zusammen zu leben und für den Fall, dass diese getrennt sind, Kontakt zu beiden Elternteilen zu unterhalten. Besondere Unterstützung und Förderung sollen Kinder und Jugendliche erfahren, die behindert sind, damit sie aktiv am gesellschaftlichen Leben teilnehmen können.[80]

Ein Land, das die allgemeinen Rechte des Kindes ausdrücklich anerkennt, ist auch Kolumbien.[81] In Artikel 44 der kolumbianischen Verfassung, die seit dem Jahr 1991 gilt, wird das Recht des Kindes sogar über das der Erwachsenen gestellt. 1991 hat der kolumbianische Kongress die Konvention der UNO von 1989 in die Gesetzgebung des Landes integriert und als *»Codigo del Menor«*[82] ratifiziert.[83]

Zwischen der feierlichen Verabschiedung von Gesetzen und ihrer praktischen Anwendung klaffen jedoch tiefe Gräben. Dies trifft für Kolumbien wie für viele andere Länder zu. Wie kommt es, dass trotz aller Versprechen und Verpflichtungen der Regierungen dieser Welt heute noch Millionen Kinder als Arbeitssklaven, Prostituierte und Soldaten missbraucht werden? Dass in der Dritten Welt Millionen Kinder ihren Lebensunterhalt selbst verdienen müssen? Dass vom Frondienst der Kinder viele Unternehmer und Verbraucher gleichermaßen profitieren? Kinderelend, Sklaverei, gefährliche und gesundheitsgefährdende Kinderarbeit hängen zweifelsohne mit der Armut zusammen. Eine erschreckende Gleichgültigkeit verhindert nach wie

---

80 Siehe Bundesministerium für Familie, Senioren, Frauen und Jugend (Hg.): Übereinkommen über die Rechte des Kindes, Ratgeber 2001.

81 Vgl. Carlos Tedesco: Los grandes retes del nuevo siglo, aldea global y desarrollo local. Memorias. Congreso internacional de pedagogía social, 2000.

82 Minderjährigengesetzbuch

83 Siehe Alcaldia Mayor de Santafé de Bogotá: Secretaría de Educación (Hg.): Codigo del Menor, Bogotá o. J. 1991.

vor, dass sich daran etwas grundlegend ändert. Ungeachtet der weltweiten Zustimmung zur Verantwortung Erwachsener gegenüber Minderjährigen werden unzähligen Kindern die elementaren Rechte auf Essen, Kleidung, Unterkunft, Ausbildung, Freizeitangebote, emotionale Zuwendung und Geborgenheit vorenthalten. Offenbar stehen viele Gesellschaften den humanen und sozialen Aufgaben unserer Zeit hilflos und ohnmächtig gegenüber.

Neben Nahrung und Unterkunft zählt auch Bildung zu den Grundbedürfnissen und Rechten des Menschen. Dies hebt bereits die »Allgemeine Erklärung der Menschenrechte« von 1948[84] hervor: jeder Mensch habe ein Recht darauf, sich zu bilden. »Der Unterricht muss wenigstens in den Elementar- und Grundschulen unentgeltlich sein. Der Elementarunterricht ist obligatorisch. Fachlicher und beruflicher Unterricht soll allgemein zugänglich sein; die höheren Studien sollen allen nach Maßgabe ihrer Fähigkeiten und Leistungen in gleicher Weise offen stehen.« [...] »Die Ausbildung soll die volle Entfaltung der menschlichen Persönlichkeit und die Stärkung der Achtung der Menschenrechte und Grundfreiheiten zum Ziel haben.«

Über die Erklärung der allgemeinen Menschenrechte von 1948 geht die Kinderrechtskonvention von 1989 hinaus, wenn sie alle Staaten dazu verpflichtet, Kindern einen obligatorischen und kostenlosen Grundschulbe-

84 Wortlaut der Allgemeinen Erklärung der Menschenrechte (Resolution vom 10. 12. 1948)

such zu gewährleisten, dabei situationsangemessene Inhalte zu vermitteln und zu helfen, dass die Fähigkeiten und Begabungen der Kinder so weit wie möglich entfaltet werden (Artikel 28 und 29).[85] Die Zahl der Analphabeten – so die Forderung – müsse sinken, ja, bis zur Wende vom 20. zum 21. Jahrhundert sollte es überhaupt keine Menschen mehr geben, die nicht lesen und schreiben können. Obgleich diesem Vorhaben damals oberste Priorität eingeräumt wurde, musste schon sechs Jahre später, 1996, dieses Ziel um weitere 15 Jahre hinausgeschoben werden.[86]

---

85 Wortlaut der Kinderrechtskonvention im Internet unter: home.t-online.de/home/tychsen.neustadt/ksb/rechte/00.htm

86 Im Jahr 1990 hat die Konferenz »Bildung für alle« – veranstaltet von UNICEF, UNESCO, UNDP und Weltbank – die Grundsätze der Kinderrechtskonvention bestätigt. Grundbildung (Grundbedarf an Bildung) umfasst danach Vorschulbetreuung (Kindergarten), Grundschulbildung und Grundbildung für Erwachsene. Gegenüber den weiterführenden Bildungseinrichtungen soll die Grundschule gestärkt und die Bildungschancen vor allem von Mädchen verbessert werden:
Artikel 1) (1) »Jede Person, ob Kind, Jugendlicher oder Erwachsener, muss in der Lage sein, Bildungschancen entsprechend ihren grundlegenden Lernbedürfnissen wahrzunehmen. Dazu gehören sowohl die wichtigsten Lernmittel (Lesen, Schreiben, mündlicher Ausdruck, Rechnen und das Lösen von Problemen) als auch grundlegende Lerninhalte (Kenntnisse, Fertigkeiten, Werte und Haltungen). All dies braucht der Mensch für sein Überleben, die volle Entfaltung seiner Fähigkeiten, für ein menschenwürdiges Leben und menschenwürdige Arbeitsbedingungen, seine uneingeschränkte Beteiligung an der Entwicklung sowie die Fortsetzung des Lernens.«
Artikel 3) (2) »Größte Priorität ist der Sicherung des Zugangs von Mädchen und Frauen zur Bildung und der Verbesserung der Qualität ihrer Ausbildung einzuräumen.
(3) Ein aktives Engagement für die Beseitigung von Bildungsungleichheiten ist notwendig. Benachteiligte Gruppen – die armen, auf der Straße lebenden und arbeitenden Kinder, Bevölkerungsgruppen aus ländlichen oder abgelegten Gebieten (...) dürfen keinerlei Diskriminierung bei ihrem Zugang zur Bildung unterliegen.«
Artikel 4) »Erweiterte Bildungsmöglichkeiten können letztendlich nur dann zu einer echten Entwicklung von Einzelpersonen oder der Gesellschaft führen, wenn (...) dadurch Kenntnisse, die Fähigkeit, logisch zu denken, Fertigkeiten und nützliche Werte erworben werden können. Grundbildung muss sich daher auf effektives Lernen und das Lernergebnis konzentrieren.«

Trotz der Proklamation des Rechts auf Bildung sind heute fast eine Milliarde Menschen nicht einmal in der Lage, ihren Namen zu schreiben, ein Formular auszufüllen oder gar einen Computer zu bedienen. 130 Millionen Kinder im Grundschulalter – ein Fünftel dieser Altersgruppe lebt in den Entwicklungsländern – gehen nicht zum Unterricht. Auch die Zukunft sieht düster aus. Alle Anstrengungen, das Schulsystem auszuweiten, konnten mit dem Bevölkerungswachstum nicht Schritt halten. Die Zahl der Kinder im Grundschulalter, d. h. zwischen sechs und elf Jahren, die heute bei über 100 Millionen liegen dürfte, nimmt beständig zu, während die Anzahl der Schulplätze konstant bleibt, in manchen Ländern sogar abnimmt. Das bedeutet, dass für immer mehr Kinder immer weniger Schulen und Lehrer zur Verfügung stehen.[87] Viele Kinder sind schon deshalb vom Unterricht ausgeschlossen, weil es in ihrer Nähe keine Schule gibt oder weil die Klassenzimmer bereits überfüllt sind. Weltweit sind es 150 Millionen Schulanfänger, die nicht einmal die fünfte Klasse erreichen. In Lateinamerika gehen nur 26 Prozent aller Kinder zur Schule. Sind Schulen vorhanden, so fehlt doch vielen Eltern das Geld für Bücher, Schreibzeug oder Uniformen. Stattdessen zwingt sie die materielle Not, ihre Kinder arbeiten zu lassen. So müssen unzählige Minderjährige unter miserablen Bedingungen als Straßenhändler, Parkwächter, Autowäscher oder Erntehelfer schuften – für den Besuch der Schule bleibt dann keine Zeit mehr.

Die Schulmisere in den armen Ländern bedingt auch die Qualität des Unterrichts. Die Schule reagiert auf Kinder problematischer Herkunft meist ohnmächtig und mit Nichtbeachtung. Der Lehrplan der Schulen ist für diese spezifischen Aufgaben nicht ausgelegt; auf die Bedürfnisse und Interessen der Kinder der Armen geht er nicht ein. Überhaupt ist der Unterricht oft wenig anregend; er wird nicht nur als langweilig empfunden, sondern verbaut den Kindern auch ihre Zukunft. Schule bedeutet für sie Disziplin und Ordnung – auch wenn sie dabei auf dem Lehmboden sitzen –, einen Lehrer zu haben und andauernd auswendig lernen zu müssen. Wörter, Sätze und Zahlen müssen von der Tafel abgeschrieben und im Chor wiederholt werden. Der Unterrichtsstoff hat wenig oder kaum Bezug zum Leben

87 Vgl. Tanja Sieber (Hg.): Zum Beispiel Schule, Göttingen 1997.

zu Hause oder auf der Straße. Fertigkeiten wie Lesen, Schreiben und Rechnen, die bis zum Ende der Schulzeit erworben werden sollen, sind durchweg unzureichend. So ist es nicht verwunderlich, dass Schulabgänger Schwierigkeiten haben, überhaupt einen Arbeitsplatz zu finden.

Der Mangel an gut ausgebildeten Pädagogen weltweit ist gravierend. Lehrer, zumal Grundschullehrer zu sein, ist in armen Ländern ziemlich unattraktiv. Das Einkommen liegt meist unter dem landesüblichen Minimallohn und der Armutsgrenze. Entsprechend niedrig ist das soziale Ansehen der Lehrer in der Bevölkerung. Darüber hinaus müssen sie oft lange auf die Auszahlung ihrer Gehälter warten, sie sind überfordert, demotiviert und demoralisiert. Viele sind gezwungen, mehrere Jobs gleichzeitig anzunehmen, um überleben und ihre Familien ernähren zu können. Zeit für Unterrichtsvorbereitungen bleibt kaum. Viele Erzieher sind nicht oder nur ungenügend auf ihre Arbeit vorbereitet, haben selbst nur eine minimale Ausbildung erfahren, und eine praktisch-pädagogische Vorbereitung fehlt meist ganz. In den Schulen der großen Städte, vor allem in den Slums, werden die Lehrer mit den Folgen des Elends ihrer Schüler und der Gewalt, der diese ausgesetzt sind, hautnah konfrontiert. Dieser Herausforderung sind sie psychologisch und pädagogisch kaum gewachsen.

Trotz dieser Misere lohnt es, für das Recht der Kinder auf Schule und Unterricht einzutreten – bekanntermaßen ist Bildung die ertragreichste Investition für Entwicklung. Bildung ist der wichtigste Faktor bei der Bekämpfung von Armut, bei der Durchsetzung der Menschenrechte und etwa auch bei der Stärkung von Frauenrechten. Keine andere Entwicklungsinvestition wirkt so nachhaltig. Nachweislich steigert Grundschulbildung in ländlichen Gebieten die Produktivität. Mit dem Bildungsgrad für Mädchen und junge Frauen sinkt die Säuglings- und Kindersterblichkeitsrate. Frauen mit Schulbildung sterben seltener während einer Schwangerschaft oder bei der Geburt. Auch reduziert Bildung das Bevölkerungswachstum. Frauen mit Schulbildung heiraten später, bekommen weniger Kinder und setzen in der Regel alles daran, ihre Kinder ebenfalls zur Schule zu schicken. Für Kinder ist Bildung der Schlüssel zur

Zukunft.[88] Was ihnen vermittelt werden muss, sind Kenntnisse im Lesen, Schreiben und Rechnen, die Fähigkeit, den Alltag selbstständig bewältigen zu können, das notwendige Grundwissen in Gesundheits-, Ernährungs- und Hygienefragen zu erhalten sowie die Fähigkeit, Probleme zu verstehen und zu lösen. Kinder müssen lernen, wie sie ihren Alltag meistern und verbessern können. Für Menschen in den Entwicklungsländern stellt Grundbildung meist die einzige Chance dar, der Armut und Ausbeutung entgegenzutreten und ihr vielleicht eines Tages sogar zu entkommen.[89] Zwar kann Schulbildung keinen sozialen Aufstieg garantieren, aber ohne Ausbildung wird es mit Sicherheit keinen geben. Die Entwicklungsländer müssen die Ausbildungsmöglichkeiten in Industrie- und Handwerksschulen für Jugendliche vorantreiben. Dabei darf der Unterricht für die Schüler nichts oder nur sehr wenig kosten. Die Kinder müssen dort zu essen bekommen. Ihr Unterricht sollte sich an der konkreten Lebenssituation orientieren, er muss lebensnah und auf praktische Fragen ausgerichtet sein. Schule muss Spaß machen, damit die Heranwachsenden bereit sind zu lernen. Diese Kinder wissen sehr wohl, dass sich eine gute Ausbildung lohnt.

---

88 UNICEF hat ausgerechnet, dass ein Jahrzehnt lang ein jährlicher Mehraufwand von 3 bis 6 Milliarden Dollar erforderlich wäre, um allen Kindern der Erde eine Grundschulbildung zu ermöglichen (siehe UNICEF: Information »Zur Situation der Kinder in der Welt 1999«). Dies ist weniger, als in den USA jährlich für Kosmetika ausgegeben wird, und entspricht etwa einem Viertel des jährlichen Verteidigungshaushaltes Deutschlands.

89 Beim Weltsozialgipfel in Kopenhagen im Jahr 1995 haben verschiedene UN-Organisationen den Vorschlag gemacht, einen »Vertrag über menschliche Entwicklung« abzuschließen: Demnach müssten 20 Prozent der Entwicklungshilfegelder aus den Industrieländern für soziale Grunddienste (Basisgesundheitsdienst, Grundbildung, Beseitigung der Unterernährung, bevölkerungspolitische Maßnahmen, sauberes Trinkwasser und Sanitäranlagen) abgestellt werden. Gleichzeitig sollten 20 Prozent der Staatshaushalte der Länder des Südens für den selben Zweck reserviert bleiben. Es müsse verhindert werden, dass die Zahl der Kinder, die keinen Zugang zu Schulen haben, immer weiter wächst. Mehr Lehrer sollten besser ausgebildet werden, und es müssten angemessen bezahlte Stellen geschaffen werden. Lehre und Lernen sollten den jeweiligen Lebensbedingungen vor Ort angepasst, Unterrichtsangebot und Unterrichtsqualität durch Lehrerfortbildung verbessert werden.

Das nötige Lernmaterial können Lehrer und Schüler mindestens teilweise selbst herstellen – es muss nach Inhalt und Form zu den Lebensverhältnissen der Kinder passen. Der Unterrichtsstoff sollte in kleinen Gruppen bearbeitet werden. Dabei müssen die Kinder selbst erkennen, was das Wissen, das sie erwerben sollen, ihnen nützt und wie man die erlernten Fähigkeiten auch praktisch anwenden kann. Es ist wichtig, dass sich der Unterricht an der Lernbereitschaft und Aufnahmefähigkeit der Kinder orientiert. Nach der Schule kehren sie wieder in ihre eigene Welt zurück und müssen dort Verantwortung – oft schon wie Erwachsene – übernehmen. Sie sorgen bisweilen nicht nur für sich selbst, sondern auch für jüngere Geschwister. Auf diese Gegebenheiten wird der Unterricht eingehen müssen. Die Schule konkurriert mit ihrem Umfeld, und wenn sie von den Schülern Ausdauer und Disziplin fordert, muss sie mehr bieten als der Alltag der Straße.

Ein Projekt internationaler Zusammenarbeit

Ausgangslage

In Kolumbien gibt es zahllose Programme, die auf die Resozialisierung obdachloser Kinder ausgerichtet sind. Eine spezielle Schule nur für Straßenkinder mit einer geeigneten Didaktik und Methodik fehlt jedoch. Die Lehrer der öffentlichen und privaten, insbesondere der kirchlichen Lehreinrichtungen stehen häufig vor dem Problem, was sie mit den obdachlosen Minderjährigen anfangen sollen, die vor der Tür des Klassenzimmers auftauchen. Niemand berät die Lehrer, wie sie mit dieser Gegebenheit umgehen können. Ihre Ausbildung hat sie auf diese Situation auch überhaupt nicht vorbereitet. Bis auf den heutigen Tag hat sich keine Schule oder Universität in Kolumbien dem pädagogischen Problem »Straßenkinder« in gebührender Weise gestellt.[90] In

---

90 Vgl. Sara Cecilia Sierra Jaramillo, La formación del maestro y la educación de los niños habitantes de la calle, Copacabana 2001, unveröffentlichtes Manuskript.

den Unterricht an öffentlichen Schulen, so heißt es, seien sie nicht mehr zu integrieren. Straßenkinder verlangten bestenfalls nach informellen Bildungsangeboten und brauchten eigene Fürsorgeeinrichtungen. Kurzum: Das Thema Straßenkinder sei kein Inhalt und keine Herausforderung schulischer Bildung und Erziehung.

Im Widerspruch zu dieser Auffassung steht die soziale Verpflichtung der Lehrer. Vor den gravierenden Problemen ihres Landes dürften gerade sie die Augen nicht verschließen. Diese Forderung gilt weltweit, auch in Kolumbien. Die Regierung Kolumbiens verlangt von den Lehrern ausdrücklich soziale Verantwortung. Im Unterricht sollen sie auf die Situation der Kinder und die aktuellen Zustände des Landes Rücksicht nehmen und deshalb Themen bearbeiten, die im Zusammenhang mit dem Alltag ihrer Schüler stehen.[91] Das schwierigste Problem des Landes ist die herrschende Gewalt und deren Folgen, die sich heute an den Flüchtlingsströmen vom Land in die Städte ablesen und die dort die Zahl der verlassenen Kinder anwachsen lassen, die früher oder später auf der Straße landen werden. Ein großer Teil der Flüchtlingskinder ist im Schulalter. So sind die Lehrer mit einer doppelten Aufgabe konfrontiert: Sie sollen ihre Schüler über das Phänomen »Straßenkinder« unterrichten, und sie müssen dabei gleichzeitig den richtigen Umgang mit Straßenkindern erlernen. Das Thema »Straßenkinder« wird so zu einem neuen Lern- und Erfahrungsbereich in der Schule. In Zukunft müssen Lehrer im Unterricht diesen Problemkomplex analysieren, bearbeiten und gestalten. Pädagogen und Schüler sollten deshalb gemeinsam überlegen, wie sie Straßenkindern begegnen wollen. Dies bedeutet eine pädagogische, didaktische und methodische Herausforderung. Um ihr gerecht zu werden, sollte die Ausbildung der Lehrer um einen neuen Studienbereich – Straßenkinder und Straßenpädagogik – ergänzt werden. Allen Auszubildenden muss dabei ein Repertoire an Inhalten, Methoden und Verhaltensweisen angeboten werden, das ihnen ermöglicht, Straßenpädagogik als Thema zu behandeln und Straßenkinder in den Unterricht auch zu integrieren. Der Projektstudiengang »Straßenpädagogik« sollte Lehrer befähigen, die Entwicklungsdefizite der Straßenkinder auszugleichen, wobei deren Lebens-

91 Vgl. Colombia. Ministerio de Educación Nacional (Hg.), Hacia un sistema nacional de formación de educadores, 1997, S. 34.

S. 175 (oben): Escuela Normal Superior »María Auxiliadora« in Copacabana

S. 175 (unten): Studentinnen des Projekts »Patio 13 – Schule für Straßenkinder«

erfahrungen, Fähigkeiten und Interessen besondere Aufmerksamkeit geschenkt werden muss.

Im April 2001 fand sich eine Gruppe von Lehrern, Studenten, Sozialpädagogen und Wissenschaftlern aus Kolumbien und Deutschland zusammen. Sie hatten sich als Ziel gesetzt, eine Didaktik und Methodik der pädagogischen Arbeit mit Straßenkindern zu entwickeln und in die Lehrerausbildung zu integrieren: »Patio 13 – Schule für Straßenkinder«[92] nannten sie ihr interkulturelles und fächerübergreifendes Projekt. Es sollte in der Escuela Normal Superior in Copacabana bei Medellín, einer Modelleinrichtung der kolumbianischen Lehrersausbildung, getestet, auf alle übrigen 136 Ausbildungsstätten des Landes übertragen und in der anstehenden Reform der Lehrerausbildung berücksichtigt werden. Die Pädagogische Hochschule Heidelberg beteiligt sich seitdem an diesem Unternehmen, das von der Heidelberger Druckmaschinen AG finanziell unterstützt wird.

Angesichts der aktuellen Lage Kolumbiens gewinnt das Projekt besonderes politisches Gewicht. Anders als die *gamines* von gestern haben die Straßenkinder von heute in der Regel mit der Schule begonnen, bis sie den Unterricht aufgrund äußerer Umstände gezwungenermaßen abbrechen mussten. Wenn sie auf der Straße landen, sind sie noch nicht in dem Maße drogenabhängig und krank, missbrauchs- und gewalterfahren wie die anderen Straßenkinder. Wenn sie jedoch aufeinander treffen, gleichen sie sich diesen schnell an. Das Projekt »Patio 13 – Schule für Straßenkinder« orientiert sich vornehmlich an den Bedürfnissen der auf der Straße lebenden Flüchtlingskinder.

Projektstudium »Straßenpädagogik«

Zur Projektgruppe »Patio 13 – Schule für Straßenkinder« gehören neben Lehrern, Dozenten, Praktikern und Wissenschaftlern auch etwa fünfzehn Studentinnen der Ausbildungsstätte Escuela Normal in Copacabana und der Universidad de Antioquia in Medellín sowie Studierende aus Deutsch-

92 Die ausführliche Projektbeschreibung ist im Internet zu finden unter: www.patio13.de

land. Mit ihrer Teilnahme absolvieren sie ein in ihrem Studium gefordertes Praktikum. Keine der jungen kolumbianischen Frauen hatte jemals zuvor persönlichen Kontakt mit Straßenkindern. Im Gegenteil – normalerweise meiden sie, wie jeder andere auch, solche Gegenden, in denen sich die heruntergekommenen Straßenbewohner herumtreiben. In ihrem Projekttagebuch notierten die Studentinnen Rosa Arias und Alejandra Castaño: »Wenn irgendwo das Thema Straßenkinder angesprochen wird, ist es üblich, schnell darüber hinwegzugehen, wegzuhören. Schließlich fühlt sich jeder irgendwie schuldig für diese harte, ungerechte Wirklichkeit.« Als die Studentinnen sich für das Projekt entschieden, war es ihnen noch kaum bewusst, dass sie sich neuen und auch ängstigenden Situationen aussetzen würden. Sie wussten nur, dass das, was sie selbst nun erleben würden, anderen Studenten, die sich im Rahmen ihrer Ausbildung künftig mit Straßenkindern und Straßenpädagogik beschäftigen, weiterhelfen könnte. Die gewonnenen Erfahrungen würden der Entwicklung des neuen Studiengangs dienlich sein. Deshalb zeichneten sie ihre Erfahrungen und Gefühle, Erkenntnisse und Einsichten auf und hielten dadurch ihren eigenen Lernprozess fest.

Im November 2001 kamen die Projektteilnehmer erstmals mit Straßenkindern in Berührung. Die Begegnung fand im Treffpunkt Patio Don Bosco im Zentrum von Medellín statt. Die Studentinnen hatten sich gründlich auf dieses erste Treffen vorbereitet und über vieles nachgedacht: Wie werden die Kinder auf uns reagieren? Wer sind sie eigentlich? Wie verbringen sie ihren Tag? Wo halten sie sich auf, vor allem nachts? Wen betteln sie auf der Straße an, wen nicht? Was spielen sie? Was macht ihnen Spaß? Wenn sie Geld bekommen, was kaufen sie sich davon? Welche Verhaltens- und Charaktermerkmale weisen sie auf? Wer sind ihre Führer und Bandenchefs und woran erkennt man diese? Wie bewältigen sie ihre alltäglichen Schwierigkeiten und wie schützen sie sich vor den größten Gefahren? Als die Studentinnen den *patio* betraten, waren sie gespannt, aufgeregt und etwas ängstlich. Werden die Straßenkinder sie überhaupt akzeptieren? Werden sie deren Vertrauen gewinnen? »Am ersten Tag«, schrieb Nathalie in ihr Tagebuch, »sind meine Erwartungen sehr groß gewesen, genauso wie meine Angst. Wie werde ich selbst mit dieser mir unbekannten Situation zurechtkommen? (...) Bei der Ankunft musste ich erst mal meine Angst überwinden. (…) Dann aber ist es mir schnell gelungen, voranzukommen. Wir sind uns rasch vertraut gewesen, und das war wichtig für die Kinder wie für uns selbst.« Auch für die Projektleiterin, Sor Sara Sierra, die jahrelang in Slums gearbeitet hat, ist die Begegnung mit Straßenkindern immer wieder eine neue Herausforderung. »Auf die Straße gehen und Kontakt mit den Kindern aufnehmen – das ist jedes Mal ein Abenteuer, das mir meist etwas Angst macht. Da begibt man sich auf einen Pfad, der schwierig und unabsehbar ist, und auf dem es nur langsam vorangeht.« Über die ersten Reaktionen der Straßenkinder auf die Studentinnen schrieb sie: »Sie sind anfangs sehr zurückhaltend gewesen, wenig spontan, und sie beobachteten uns aus der Ferne. Dabei fuhren sie mit dem fort, was sie gerade beschäftigte, ließen uns aber keinen Moment aus den Augen. Dann kamen wir uns langsam näher, sie wurden aufgeschlossener, freundlicher.« Einigen Studentinnen gegenüber zeigten die Kinder indessen unverblümt ihr Misstrauen und eine deutliche Ablehnung.

S. 177 f.: Spielend und malend eigene Erlebnisse ausdrücken

Als ein guter Weg, sich gegenseitig näher zu kommen, erwiesen sich Spiele, Malen und Zeichnen, Basteln, Kneten und Töpfern.

Nun ergriffen auch die Straßenkinder selbst Initiative. Ein paar Jungen führten den Gästen Darbietungen im Rap-Tanz vor. Besonders fröhlich ging es beim Werfen von Luftballons zu, die mit Wasser gefüllt waren. »Je häufiger wir miteinander spielen, umso näher kommen wir uns. Dabei lernen wir so manches vom Leben der Kinder kennen, etwas von ihrer Persönlichkeit, ihren Vorlieben, von ihren Freunden und ihren Feinden.« Wie sich herausstellte, waren jedoch nicht alle Straßenkinder mit allen Spielen einverstanden. Luisa Fernanda Ríos schrieb dazu: »Da gingen die über Vierzehnjährigen auf die Seite und machten nicht mit. Einige waren vielleicht zu ängstlich und zu scheu; andere dachten, das seien Spiele für Kleinkinder, nichts für sie, die Großen. Manche hatten auch einfach keine Lust dazu. Das machte die Sache etwas schwierig. Sie fingen zwar damit an, ließen es aber gleich wieder bleiben, je nach Lust und Laune.«

Mittels Kneten und Basteln von kleinen Figuren und Puppen sollten die Kinder ihre eigenen Erfahrungen und Erlebnisse ausdrücken. Bei den meisten endete dieses Experiment jedoch im Streit, wer denn am meisten von der Knetmasse für sich bekommen könne. Dieser Wettkampf war ihnen Spiel genug. Als sie endlich mit der eigentlichen Aufgabe anfingen, formten sie nicht nur die vorgesehenen Figuren, sondern verwendeten die weiche Masse, um ihre eigenen Nasen und Fingernägel zu verlängern und setzten sich Knetmasken auf das Gesicht.

Manchmal gelang es den Kindern, mit Bildern und Zeichnungen Erfahrungen auszudrücken, die sie nur schwer in Worte hätten fassen können. Die Themen bezogen sich auf Vergangenes, aber auch auf die Zukunft: »Ich mag meine Familie sehr.« – »Ich will selbst einmal eine große Familie haben.« Es ging um Gewalt, Überfälle und um den Tod. Sor Sara beobachtete: »Sie leben in ständiger Angst. Deshalb haben sie Waffen, Messer und Pistolen. Sie leiden oft Hunger. Ihr Territorium müssen sie Tag für Tag aufs Neue verteidigen, und sie müssen um Nahrung und Drogen kämpfen. Das sind ihre hauptsächlichen Themen. Das Schlimmste ist jedoch der sexuelle Missbrauch, dem sie immer wieder ausgeliefert sind. Das ist der hauptsächliche Grund, weshalb sie sich bewaffnen. Aber auch untereinander sind sie aggressiv und gewalttätig. Ständig streiten sie, dauernd verletzen sie sich mit Messern. Ihre Körper sind voller Wunden, jede Narbe erzählt eine böse Geschichte und erinnert sie daran, den abgrundtiefen Hass in ihrem Herzen nicht zu vergessen.«

Die Zeichnungen der Kinder wurden Anlass und Ausgangspunkt von Gesprächen mit ihnen. Juan, 14 Jahre, erzählt bei dieser Gelegenheit einem Projektmitarbeiter: »Meinen Vater haben sie getötet. Das war in Ituango. Der Grund war ein Streit zwischen den Familien, ich war damals kaum fünf Monate alt. Meine Mutter blieb allein, so kamen wir nach Yarumal. Dort hielten wir uns im Zentrum auf. Meine Mama ging weg, um zu arbeiten. Von dort schickte sie uns etwas zu essen. Wir waren sechs Geschwister, und drei davon arbeiteten. Meine Mutter war in verschiedenen Haushalten beschäftigt, und sie schickte uns auch Geld. Ich hatte dauernd Streit mit meinen Geschwistern, das machte unsere Mama wütend. Sie schlug uns, und wenn meine Geschwister weg waren und nur ich zu Hause war, bekam ich allein alle Schläge ab. Das wurde mir zu viel. Da machte ich mich aus dem Staub, und so kam ich auf die Straße.«

Die Studentinnen wurden von den Kindern bald wie alte Bekannte begrüßt und akzeptiert. Sie begannen, auf ihr Kommen zu warten. Jetzt wurde es immer leichter, mit ihnen zu sprechen. Die Projektmitarbeiter stellten fest, dass die Kinder gerne über ihre Narben reden. Dann zeigten sie ihre nackte Haut und erzählten von Abenteuern, die sie erlebt hatten. »Es ist ihnen sehr ernst damit«, bemerkte Sor Sara, »dass man ihnen genau zuhört. Sie wollen ihre Lebensgeschichte erzählen, von ihren Ängsten und Plänen berichten, zum Beispiel davon, dass sie von zu Hause ausgerissen sind, weil man sie geschlagen hat. Sie fühlen sich verstoßen. Die Folgen davon kann man sehen. Wenn sie beim Schlafen so daliegen, zusammengerollt wie Embryos, spürt man hautnah, was ihnen fehlt und was sie brauchen. Sie suchen ein Nest, einen Schoß, in den sie sich hinein verkriechen können. Aber die wenigsten würden zurückgehen zu ihren Eltern.«

Nach wenigen Wochen wurden die Besuche im Treffpunkt Patio Don Bosco für alle zu einem wichtigen Ereignis. Wenn die Begegnung einmal ausfiel oder verschoben werden musste, waren die Kinder enttäuscht. In der Folgezeit kümmerte sich nun jede Studentin verstärkt um eines der Straßenkinder und versuchte es näher kennen zu lernen. Die Gespräche und Beobachtungen hielten die Besucher im Projekttagebuch fest. Katherine zum Beispiel beschäftigte sich mit Johany. »Er ist erst 12 Jahre alt, nach Aussehen und Äußerungen aber gleicht er einem Erwachsenen. Wenn er erzählt, blitzen seine Augen vor Lebensfreude und Schalk. Johany hat sieben Geschwister; sie leben irgendwo verstreut in der Stadt, auf den Straßen, jedenfalls unter ähnlichen Bedingungen wie er selbst. Nur die Kleinste, ein Mädchen von acht Jahren, ist noch bei den Eltern. Obgleich sie so klein ist, muss sie jeden Tag arbeiten, Süßigkeiten und Blumen verkaufen. Damit hilft sie ihren Eltern, den Lebensunterhalt zu verdienen. Das ist notwendig, denn die Miete des Zimmers, in dem die Familie wohnt, ist teuer. Sie haben keine feste Wohnung, jeden Tag suchen sie eine andere Unterschlupfmöglichkeit, irgendein Zimmer in einem Hotel. Dafür müssen sie in der Regel 5000 Pesos (2,50 Euro) bezahlen. Früher – ja, da hatten sie ein Haus in Moravia, einem der unzähligen Invasionsviertel, auf einem ehemaligen Abfallhaufen der Stadt gelegen, wo die Giftdämpfe aus dem Boden aufsteigen und die Babys an seltsamen Krankheiten sterben. ›Dort‹, sagt Johany, ›ist es uns mit der Zeit zu heiß geworden, viele werden ermordet.‹ ›Der Vater‹, erzählt Johany, ›ist einmal überfallen und mit einer *machete*[93] böse zugerichtet worden. Er war auch schon ein paar Mal im Gefängnis. Jetzt verkauft er Secondhand-Kleider.‹ Ein Bruder von Johany ist umgebracht worden. Über seine Mutter will Johany nicht sprechen; er nennt nur ihren Namen, María, mehr nicht.« Wie Katherine feststellt, ist Johany sehr zurückhaltend, was den Konsum von Drogen betrifft. Angeblich nimmt er fast keine, nur manchmal Marihuana, und das bekomme ihm gar nicht, sagt er. »Es macht ihn schwindelig, hungrig, verursacht Kopfweh, auch wird er davon schrecklich müde, und seine Augen laufen rot an.«

Luisa, eine andere Studentin, hat Kontakt mit Leonardo aufgenommen. Er ist ein zurückhaltender, ruhiger, etwas ängstlich wirkender Junge. Tagsüber hält er sich im *patio* auf, nachts schläft er in einer Herberge für Straßenkinder. An den Aktivitäten, zu denen die Studentinnen ihn einladen, beteiligt er sich nicht. Aber er ist sofort bereit zu malen. Luisa bittet ihn zu zeichnen, was er in diesem Augenblick gerade empfindet. Daraufhin malt Leonardo eine Pistole. Luisa fragt ihn, was er damit ausdrücken möchte. Noch verschüchterter als sonst, rückt er zunächst mit der Sprache nicht heraus; dann aber erzählt er: Sein Vater sei umgebracht worden, weil er Geld gestohlen

93 Buschmesser

S. 183: Freude beim Betrachten der eigenen Bilder

habe. Wenn er, Leonardo, einmal groß genug sein werde, um eine Pistole wie die, die seinen Vater getötet hat, in die Hand zu nehmen, dann würde er denjenigen umbringen, der seinen Vater ermordet hat. Luisa erfährt, dass Leonardos Mutter von zu Hause wegging, nach Urabá. Sie hat den Jungen allein zurückgelassen. Oft, sagt Leonardo, fühle er sich ganz einsam, und der erste Gedanke, der ihm dann in den Sinn komme, sei seine Mama. Sein größter Wunsch ist es, vorwärts zu kommen, um später einmal seiner Mutter ein Haus zu bauen und es sehr schön einrichten zu können. »In diesem Augenblick fühlte ich«, schrieb Luisa in ihr Projekttagebuch, »dass Leonardo ein intelligentes Kind ist, das viele Fähigkeiten besitzt. Er braucht viel Zuwendung und Liebe. Seine Einsamkeit drückt er kaum direkt aus. Ich frage mich, wie er, der so ängstlich ist, mit den anderen zurechtkommen kann.«

Im Gespräch über den Körper und die Narben auf der Haut der Straßenkinder kamen die Studentinnen zu einem empathischen Verständnis ihres Gegenübers. Sie begriffen etwas vom Geschick der Kinder, von ihren vergeblichen Hoffnungen, ihren meist schmerzlichen, bisweilen auch triumphalen Erfahrungen. Die Aufmerksamkeit auf den Körper eröffnete den Blick für die andere Person, die dies alles auf bemerkenswerte Weise überstanden und gemeistert hatte. Die Haut wurde den Betrachtern zum intimen Text. Und in den Reaktionen der Gesprächspartner, in ihrer Anteilnahme und Bewunderung konnten sich die Straßenkinder ihrer eigenen Fähigkeiten, ihres Könnens und ihres Wertes versichern.

Straßenkinder fotografieren sich selbst

Um die eigene Person des Straßenkindes, ihre Darstellung und Wahrnehmung ging es dann auch in der folgenden Phase des Projekts. Die Kinder sollten sich gegenseitig fotografieren, um sich und andere genauer betrachten zu können. Fotos sind für Straßenkinder normalerweise unerschwinglich. Werden sie von Touristen oder Journalisten einmal geknipst, warten sie meist vergeblich auf einen Abzug. Eine eigene Kamera zu besitzen, ist für sie unvorstellbar. Eines Tages teilten die Mitarbeiter des Projekts »Patio 13 – Schule für Straßenkinder« Einwegkameras aus. Von der Möglichkeit, fotografiert zu

werden oder gar selbst zu fotografieren, waren die Kinder und Jugendlichen ausnahmslos fasziniert. Ein Foto – das war für sie wie ein Ausweis, da zu sein, schön und sympathisch und mit einem eigenen Wert: eine Art Selbstvergewisserung angesichts der alltäglichen Drohung, zu verschwinden.

Zuvor mutmaßten die Projektmitarbeiter, die Kinder könnten die Kameras an der nächsten Ecke für einige Pesos verkaufen oder gegen eine Zigarette mit Marihuana eintauschen. Fraglich schien auch, ob sich die Kinder auf das Vorhaben, ihre Fotos öffentlich auszustellen, einlassen würden. Würde man sie überhaupt für ein längerfristiges Vorhaben gewinnen können? Auf den Fotoworkshop bereiteten sich die Studentinnen intensiv vor. Die Erfahrung, selber zu fotografieren und fotografiert zu werden, wollten sie zuerst an sich selbst ausprobieren. Jede baute sich selbst eine »Kamera« aus schwarz gefärbtem Karton. Dann wurden Aufnahmen im eigenen Lebensumfeld gemacht, die sie, samt der »Black Boxes«, in ihrer Ausbildungsstätte öffentlich ausstellten.

FOTOS FÜR EINE AUSSTELLUNG

Im März 2002 war es dann so weit: Den Kindern des Treffpunkts Patio Don Bosco und weiteren Jugendlichen, die auf der Straße leben, wurden etwa

hundert Einwegkameras ausgehändigt. Wenige Tage später brachten sie die Kameras zurück. Als alle Filme entwickelt waren, wurden die Aufnahmen mit großem Interesse und unter Beteiligung aller betrachtet und begutachtet. Die Studentinnen hängten die Fotos an den Wänden im *patio* auf. Jeder der Fotografen bekam am Ende seine Bilder ausgehändigt. Im August 2002 wurden die Fotos neben anderen Materialien wie Zeichnungen und Alltagsobjekten, die sich im Laufe der Projektdurchführung angesammelt hatten, im Kulturinstitut Colombo-Americano im Zentrum Medellíns der Öffentlichkeit vorgestellt. Viele Kinder und Jugendliche des Projekts waren bei der Eröffnung anwesend, einige hatten Freunde und Verwandte mitgebracht. Im Januar und Februar 2003 folgte dann die erste Ausstellung dieser Fotos von Straßenkindern in Deutschland – in der Print Media Academy der Heidelberger Druckmaschinen AG in Heidelberg. Später fanden die Aufnahmen als Teil der Lehr- und Lernmaterialien Verwendung, die in dem Projekt »Patio 13 – Schule für Straßenkinder« erarbeitet wurden.

Unterdessen ging auch die pädagogische Arbeit vor Ort weiter. Im Patio Don Bosco wurde eine Druckwerkstatt aufgebaut, in der Straßenkinder lesen und schreiben lernen. Gleichzeitig experimentierten Lerngruppen mit physikalischen und anderen naturwissenschaftlichen Materialien. Unter Anleitung einer ihrer Professorinnen erforschten die Studentinnen die Art und Weise, wie Straßenkinder in ihrem Alltag mathematische Operationen vornehmen. Und kürzlich ist damit begonnen worden, einen eigens für Straßenkinder offen stehenden Raum mit Computern und Internetzugang einzurichten.

55

HW
Hi-Watt
LONG LIFE

S. 186 f.:
Lernen über
Physik, mit
Strassenkindern
experimentieren

Februar 2003. Ein Jahr ist es her, dass die kolumbianische Regierung die Verhandlungen mit der Guerilla abgebrochen und ihr den Krieg erklärt hat. Im Oktober 2002 trat Alvaro Uribe das Amt als Präsident der Republik an. So begann für die meisten Kolumbianer das neue Jahr mit einer gewissen Hoffnung. Sie waren sich sicher, jemanden gewählt zu haben, der die Guerilla mit allen Mitteln bekämpfen würde. Dass Alvaro Uribe bereits in den ersten Monaten seiner Amtszeit eine Hand voll Attentate überlebte, verhalf ihm sogar zu noch mehr Ruhm. Zur Jahreswende erlebte die Tourismusbranche neuen Aufschwung. Lange Besucherkonvois machten sich auf den Weg zu den beliebtesten Ausflugszielen Kolumbiens, begleitet und geschützt von gepanzerten Militärfahrzeugen. In den Jahren zuvor hatten sich die Menschen oft kaum mehr aus den Städten gewagt. Nun aber wuchs die Zuversicht. Viele Kolumbianer, die ins Ausland geflohen waren, kehrten wieder ins Land zurück.

Doch am 7. Februar 2003 explodierte eine Autobombe im vornehmen

Club »El Nogal« im Norden Bogotás und hinterließ 33 Tote, drei von ihnen Kinder, und 168 Verletzte. Das Land stürzte daraufhin in eine kollektive Depression, gezeichnet von Wut und Zorn. Viele Familien hatten auf einen Schlag mehrere Angehörige verloren. In den Zeitungen erschienen Fotos der Opfer und persönliche Berichte über sie. Es bestand kein Zweifel, den Anschlag hatte die FARC verübt (was sie allerdings vehement bestritt) – und zwar mit oder ohne Unterstützung durch Gruppen des Drogenhandels. Die Menschen spürten, dass die Guerilla mit diesem Attentat in eine neue, terroristische Phase des Bürgerkriegs eingetreten war. Und als ob dies nicht schon genug wäre, sprengte die FARC eine Woche später ein Wohnhaus nahe der Stadt Neiva in die Luft: Es gab 16 Tote, darunter vier Kinder, 30 Verletzte, und über 70 Häuser wurden zerstört. Für den Tag nach dem Attentat, am 15. Februar 2003, hatten an diesem Ort der Präsident und einige seiner Minister mit der Stadtverwaltung ein Treffen vereinbart. Die Explosion sollte eigentlich genau zum Zeitpunkt der Landung seines Flugzeuges erfolgen.

Noch in derselben Woche töteten Guerilleros der FARC einen US-Amerikaner und einen Kolumbianer, als sie deren Flugzeug abschossen. Drei weitere Nordamerikaner, die den Absturz überlebten, wurden von der Guerilla entführt. Seither befürchten die Menschen, die USA könnten die Gelegenheit zu einer Invasion in Kolumbien nutzen. »Seit den Tagen des ›Narkoterrorismus‹ hat das Land keine dermaßen zerstörerische Woche mehr erlebt.«[94]

Die üblichen Schießereien in den Städten Tag für Tag, die vielen Toten, Verletzten und Entführten nimmt die Öffentlichkeit kaum mehr zur Kenntnis. Nachrichten darüber füllen bestenfalls die Randspalten der Tageszeitungen. In Medellín sind vor allem die Comunas davon betroffen, sie sind stillschweigend zum Sperrgebiet geworden. Dorthin traut sich niemand freiwillig, schon gar kein Fremder. Gespenstisch kommt einem das Treiben auf den Straßen dieser Viertel an den Wochenenden vor. Freitags und samstags dauern die Feste bei lärmender Musik bis 3 Uhr morgens. Nach einer kurzen Pause beginnen dann gewöhnlich gegen 4 Uhr die Schießereien mit einzelnen stärkeren Detonationen.

94 Vgl. Offensiva terrorista. In: Semana, 17. bis 24. Februar 2003, S. 26ff.

Die zunehmende Gewalt bekommen vor allem die Straßenbewohner zu spüren. Man hat den Eindruck, dass die obdachlosen Kinder und Jugendlichen hoffnungsloser und verdreckter aussehen als sonst. Ihre Verletzungen sind schlimm und gefährlich. Diejenigen von ihnen, die älter als 15 Jahre sind, kommen in die »Programme«, die zu ihrer Resozialisierung dienen sollen, normalerweise nicht mehr hinein. Sie gelten als kaum mehr therapierbar. Die Gesellschaft hat sie abgeschrieben und aufgegeben.

In diesen politisch bewegten Wochen der Monate Februar und März 2003 haben wir unsere »Bekannten«, die Kinder und Jugendlichen der Straße, die in diesem Buch vorgestellt worden sind, wieder aufgesucht. Ihre Lage ist verheerender denn je. Marcela finden wir gleich am ersten Tag unseres Aufenthaltes in Medellín. Sie sieht viel schlechter aus als im August des letzten Jahres, heruntergekommen und fortdauernd benebelt vom Drogenkonsum. Am folgenden Tag hat sie Geburtstag – sie wird 25 Jahre alt. Nachmittags sticht ihr einer, dessen Namen sie nicht nennen will, ein Messer in die Brust. Die Wunde ist nicht allzu tief, aber Marcela ist schockiert und voller Angst.

Von Erica gibt es weit und breit keine Spur. Es heißt, auch sie sei schwer verletzt worden. Jemand habe ihr mit einem Messer mehrmals in den Bauch gestochen. Marcela, ihre Freundin, habe ihr nicht geholfen, und darüber sei die Beziehung zwischen den beiden zerbrochen. Bei unserem letzten Treffen im August 2002 hatte uns Erica gesagt, sie sei schwanger. Nach ihrer Verletzung, so hören wir, sei sie zu ihren Eltern zurückgekehrt. Früher wäre das nicht möglich gewesen, denn im *barrio* »20 de Julio« sei der Boden einfach »zu heiß«, hatte sie uns erzählt. Tatsächlich hat das Militär nach dem kaltblütigen Mord an den drei Straßenmädchen im August 2002 »Ordnung« im Viertel geschaffen und Milizen, Paramilitärs und Guerilleros vertrieben. So hat Erica dort nichts mehr zu befürchten.

Patricia, die schon im letzten Jahr denkbar schlecht aussah und kaum aus dem Rausch mehr aufwachte, ist an den Folgen des Drogenkonsums gestorben. Das berichten Gorras und Doris, ihre beiden Geschwister. In der zweiten Woche unseres Aufenthaltes wird Doris überfallen und geschlagen. Ihre Wangen sind geschwollen, der Hals von Würgemalen rot gefärbt, und ihr Kopf schmerzt.

Die Kinder im Patio Don Bosco sind inzwischen ausgetauscht, die meisten wurden ins »Programm« aufgenommen, einige sind verschwunden, mindestens einer von ihnen ist getötet worden. Einer, der von dieser Hilfe ausgeschlossen wurde, hat zwei Jungen direkt vor dem Eingang zum *patio* sexuell missbraucht. Daraufhin haben ihn die anderen vertrieben. Nun erscheint er nicht mehr. Noch häufiger als in den zurückliegenden Monaten schlägt die *»limpieza social«* zu und will die Straßen und Plätze von den *desechables* befreien. Wir haben Sorge, dass früher oder später auch Marcela, El Ruso, Gorras, Nena und die anderen ihr zum Opfer fallen.

Anfang März fliegen Helikopter tagelang über Medellín. Sie kreisen besonders über dem Elendsgürtel der Stadt. Dort hat sich in den vergangenen Monaten die Guerilla ausgebreitet, nachdem sie zuvor meist nur auf dem Land mit Überfällen, Massakern und Entführungen gewütet hat. Die Toten der nächtlichen Schießereien und Überfälle werden oft einfach die steilen Berghänge hinuntergeworfen und landen auf den Straßen am Fuß der Abhänge.

Die wachsende Gewalt in den Comunas hat das Leben auf der Straße und das Erscheinungsbild der Straßenkinder zusehends verändert. Vor zwei Jahren, als wir die Arbeit am Projekt »Patio 13 – Schule für Straßenkinder« aufnahmen, stellten wir fest, dass es neben den traditionellen *gamines* noch einen anderen Typ von Straßenkindern gab, die *niños desplazados*[95]. Dabei handelt es sich – wie bereits dargelegt – um Minderjährige, die auf der Straße landen, weil sie und ihre Angehörigen vom Land vertrieben wurden. Sie sind in die Städte geflohen und haben schließlich ihre Familien verlassen. Diese minderjährigen Straßenbewohner unterscheiden sich von den *gamines* durch ihr Aussehen, ihre Haltung und ihre Erfahrungen. Sie sind weniger verkommen, nicht so gewalttätig und seltener krank. In der Regel haben sie die Schule länger besucht. Die *niños desplazados* brauchen dringend Hilfe, sonst passen sie sich rasch den *gamines* an. Im Projekt »Patio 13 – Schule für Straßenkinder« kümmern wir uns schwerpunktmäßig um diesen neuen Typus von Straßenkind.

95 Flüchtlingskinder

Nun aber bemerkten wir zu Beginn des Jahres 2003 erneut eine gravierende Veränderung in der Zusammensetzung der Straßenbewohner. Wir stießen im Zentrum der Stadt auf immer mehr Kinder und Jugendliche, die nicht vom Land, sondern aus den Comunas stammen, von wo sie vor der alltäglichen Bedrohung durch Milizen, Paramilitärs und Guerilla geflohen sind, um sich in andere Gegenden der Stadt zu retten. Die Bretter- und Blechhütten ihrer Elendsvierteln sagen sie, böten ihnen keinen sicheren Schutz mehr, und die Schüsse gingen durch die dünnen Wände einfach hindurch. So gibt es nun also neben den Vertriebenen vom Land auch eine innerstädtische Flüchtlingsbewegung, die vor allem von Kindern und Jugendlichen angeführt wird. Die Straßenkinder dieses Typus unterscheiden sich ihrerseits von den *gamines* und den *niños desplazados* beträchtlich. Die meisten von ihnen sind unter extremen Lebensbedingungen, ständiger Gewalt und Bedrohung aufgewachsen, auf die sie oft mit eigener Aggressivität reagieren, um überhaupt zu überleben. Sie sind misstrauisch und jederzeit gewaltbereit. Ihre Familien haben sie nicht verlassen, weil sie dort geschlagen oder missbraucht worden wären, sondern weil sie nicht erschossen oder zum Eintritt in eine Gruppe der Milizen, der Guerilla oder der Paramilitärs gezwungen werden wollten. Viele behaupten, sie würden, wenn sie ins eigene *barrio* und zu ihren Familien zurückkehrten, sofort umgebracht werden.

Fast alle Straßenkinder weisen in diesem Jahr schlimmere Wunden auf als in früheren Zeiten. Viele sehen aus, als hätte man sie notdürftig wieder zusammengeflickt. Wenn wir »unsere Bekannten« nach ein paar Tagen wieder treffen, zeigen sie, was sie sich inzwischen Neues zugezogen haben. Manche tragen am Körper lange Narben, zwischen Hals und Nabel, handspannengroße Wunden am Hinterkopf und tiefe Einstiche im Hals und Bauch. Ihr Körper spiegelt die wachsende Gewalt in der Stadt wider. Überhaupt sieht man auf den Straßen immer mehr herumlungernde Menschen, unter ihnen ganze Familien, auch viele junge Mütter mit Kindern. Die ersten Wochen des Jahres 2003 verwendete der rigide Bürgermeister der Stadt Medellín damit, die *desechables* der Straße von der Polizei wegschaffen zu lassen. Am nächsten Tag waren sie wieder an ihrem vertrauten Ort oder sie fanden sich an einer anderen Stelle der Stadt ein. Der Platz Cisneros, den die Straßenbewohner lieben, wurde freitags überfallartig »gesäubert«, samstags und sonntags war er wieder so bevölkert wie zuvor.

Die Zeichen des Zerfalls zeigen sich uns naturgemäß am eindrucksvollsten bei denen, die wir mögen. Marcela zum Beispiel, sie macht uns Kummer. Sie sieht schlecht in diesen Tagen aus. War sie früher nur abends und morgens »zugedröhnt«, so ist sie jetzt kaum mehr nüchtern. In diesem Zustand hält sie sich nicht mehr an Verabredungen. Sie erinnert sich einfach nicht daran. Der Stich in die Brust hat ihren Lebensnerv getroffen. Uns erscheint sie in hohem Maß gefährdet. Ihre Verletzung hat sie in der Wahrnehmung der anderen verletzbar gemacht und prädestiniert sie als Opfer für weitere Attacken. Wir nehmen Kontakt mit Einrichtungen für jugendliche Straßenbewohner in Bucaramanga auf, einer einige Hundert Kilometer weiter westlich gelegenen Stadt. Aber wer ist schon bereit, eine fünfundzwanzigjährige Frau in ein Resozialisationsprogramm aufzunehmen, die bereits seit fünfzehn Jahren auf der Straße lebt und seither drogenabhängig ist? Trotz aller Skepsis bekommen wir schließlich eine Zusage: Marcela soll sich vorstellen, vielleicht wird ihr eine Probezeit in einem Haus für Straßenmädchen eingeräumt. Marcela erkennt ihre Chance. Sie ist sogar bereit, für eine gewisse Zeit auf den Kontakt mit ihren Kindern zu verzichten, deren Sorgerecht ihr entzogen wurde und die sie auf keinen Fall mitnehmen könnte. Wir wollen die wenigen verbleibenden Tage nutzen, um sie auf die Fahrt dorthin vorzubereiten. Aber zum vereinbarten Treffen erscheint sie nicht, auch nicht am Folgetag. Wir befragen ihre Bekannten, sie wissen nicht, wo sie sich aufhält. Wir laufen die Straßen und Plätze ab, die sie immer bevorzugt hat – nichts. Tagelang streifen wir durch die Stadt und gelangen dabei in Gegenden, wohin wir uns bislang nicht gewagt hatten. Freunde von Marcela führen uns auch zu den Cuevas – von Marcela keine Spur. Mitten im Gewühl eines Flohmarktes, wo alte Schrauben und zerfetzte Turnschuhe, Maschinenteile und leere Kartons, zerbeultes Blechgeschirr und gebrauchte Batterien feilgeboten werden, entdecken wir plötzlich Erica. Freude auf beiden Seiten. Sie hält eine Schachtel als winzigen Bauchladen mit Süßigkeiten und Zigaretten vor sich. Gut sieht sie aus, von Drogen keine Spur. Mit 4000 Pesos (umgerechnet etwa 2 Euro) steht sie bei einem »Großhändler« in der Kreide. Aber sie lebt vom eigenen Verdienst, und mit der Zeit wird sie auch ihre Schuld begleichen. Schwanger sei sie nicht, berichtet sie. Vielleicht war sie es nie, vielleicht hat sie aber auch heimlich abgetrieben. Kurzfristig war sie zu Hause bei ihren Eltern. Aber lange hat sie es dort nicht ausgehalten. Irgendwie, sagt sie, würde sie sich schon über Wasser halten. In einem schäbigen Hotel hat sie ein Zimmer. Dort lässt sie sich von einem *novio* aushalten. Von Marcela weiß Erica nichts.

Die letzten Tage vergehen. Nachforschungen nach Marcela im Frauengefängnis und an dem Ort, wo anonyme Leichen gesammelt werden, verlaufen erfolglos. So bleibt bei der Abreise nur die Hoffnung, dass Marcela überhaupt noch am Leben ist.

barrio	Wohnviertel
basuco	Rauschgift, ein Zwischenprodukt bei der Herstellung von Kokain
cambuche	Behausung der Straßenbewohner
campesinos	Bauern, Landarbeiter
Comunas	Bezeichnung für Elendsviertel von Medellín
Cuevas	Höhlen
desechables	Bezeichnung für sozialen »Abschaum«, »Wegwerfmenschen«
empanadas	Teigtaschen, gefüllt mit Kartoffeln und Fleisch
gallada	Gruppe, Bande von Straßenkindern
galletas	Gebäck, Waffeln
gamín, gamina	Straßenkind, Straßenmädchen
gringos	Ausländer, insbesondere Nordamerikaner, aber auch Europäer

»limpieza social«	Bezeichnung für »soziale Säuberung«
machete	Buschmesser
machismo	eine Art »Männlichkeitswahn«
muchachos	umgangssprachlich: »Jungs«, Jugendliche
ñero	Straßenkind, Freund (abgeleitet von *compañero*)
niños desplazados	Flüchtlingskinder
novio	Freund, Verlobter
ollas	Gossensprache: Gruppe, Bande
parche	Gruppe, Bande von Straßenkindern
patio	Innenhof
pegante	Kleber mit giftigem Lösungsmittel
pistolocos	Killer
sicario	jugendlicher Berufskiller
veredas	ländliche Siedlungen
violencia	Gewalt

Abkürzungsverzeichnis

AUC	Autodefensas Unidas de Colombia
ELN	Ejercito de la liberación nacional de Colombia
EPL	Ejército Popular de Liberaciün
FARC	Fuerzas Armadas Revolucionarias de Colombia
UNESCO	United Nations Educational, Scientific and Cultural Organization
UNDP	United Nations Development Program
UNICEF	Kinderhilfswerk der Vereinten Nationen

Don Bosco – Straßenkinderbetreuung seit 160 Jahren

»Es genügt mir zu wissen, dass ihr jung seid, um euch zu lieben« ist ein bekannter Ausspruch des italienischen Priesters und Ordensgründers Giovanni Bosco (1815 – 1888). Im Jahr 1859 gründete er den katholischen Orden der Salesianer Don Boscos, davor hatte er in teils abenteuerlicher Weise begonnen, seine Vorstellung von christlicher Jugendarbeit systematisch zu verwirklichen. Er tat dies anhand der Erfahrungen mit straffällig gewordenen Jugendlichen und mit Straßenkindern in Turin. Im Laufe der Zeit entwickelte er das Präventivsystem oder die Pädagogik der Vorsorge, die heute weltweit Anwendung findet. Bereits zu Lebzeiten erfuhr Don Bosco begeisterte Verehrung, er musste aber auch gegen viele Schwierigkeiten innerhalb der katholischen Kirche und im gesellschaftlichen Umfeld bestehen. 1934 wurde der »Jugendapostel« vom Vatikan heilig gesprochen. Gemeinsam mit den Don Bosco Schwestern und assoziierten Orden ist die Don Bosco Familie, wie sie sich selbst nennt, die wohl größte christliche Vereinigung mit dem Schwerpunkt auf Kinder- und Jugendarbeit. Jugendzentren, Schulen, universitäre Einrichtungen, Berufsausbildungszentren, Einrichtungen für Straßenkinder und weitere soziale und pastorale Projekte tragen heute in allen Kontinenten den Namen Don Boscos.

Don Bosco hat in der Mitte des 19. Jahrhunderts eine Pädagogik formuliert und vorgelebt, die auf die Lebensbedingungen von Straßenkindern abgestimmt ist und ihnen einen Ausweg aus ihrer vorhersehbaren Elendskarriere bietet. Er hat damit ein Instrument geschaffen, das im 20. Jahrhundert dringend gebraucht wurde, als die Zahl der Straßenkinder in den rasant wachsenden Metropolen Asiens, Afrikas und Lateinamerikas explodierte. Heute noch sind die Prinzipien, die Don Bosco für die jugendlichen Obdachlosen im Turin der industriellen Revolution entwickelte, gültig und können mit großem Erfolg umgesetzt werden.

Grundgedanke seiner »Pädagogik der Vorsorge« ist das Vertrauen in den guten Kern eines jeden Menschen und in die Formbarkeit des Charakters von Kindern und Jugendlichen. Don Bosco hat die kindlichen Bedürfnisse der jungen Menschen erkannt und besonders ihre Lebensfreude, ihren Eifer, Neues zu lernen, und ihren Bewegungsdrang unterstützt. Der christlichen Motivation folgend, Seelen für Gott zu gewinnen, hat salesianische Jugendarbeit immer eine spirituelle Komponente. Neben dem Spielplatz und den Sportstätten oder den Räumen für Schul- und Berufsausbildung gibt es in Don Bosco Zentren immer auch eine Kapelle oder Gebetsräume anderer Religionen.

Salesianische Straßenkinderbetreuung bedeutet, dass die Kinder und Jugendlichen direkt angesprochen werden und Angebote erhalten: eine warme Mahlzeit, sanitäre Einrichtungen für die Körperpflege, medizinische Versorgung, einen geschützten Raum zum Spielen mit Gleichaltrigen, einen Schlafplatz, eine Kapelle zum Beten. Nicht alle Zentren können hier alles in gleichem Ausmaß anbieten, doch zeigt sich, dass Straßenkindern nicht nur die Mittel zur Sicherung ihrer Grundbedürfnisse fehlen, sondern vor allem Zuwendung und Liebe. Die bedingungslose Liebe, die Don Bosco für die Jugendlichen empfand, ist bis heute Salesianisches Programm geblieben. Es geht darum, echte Anteilnahme am Schicksal jedes einzelnen zu zeigen, sie auf ihrem Weg zu begleiten und diesen Ausgestoßenen der Gesellschaft eine Chance zu geben. In einem zweiten Schritt können die Jugendlichen ihre Schulbildung vervollständigen oder einen Beruf lernen. Immer wieder gibt es großartige Erfolge, wenn z. B. ein ehemaliges Straßenkind einen Universitätsabschluss schafft, oder einen eigenen Betrieb eröffnet. Immer wieder aber auch die Ernüchterung, dass das Leben auf der Straße immer mehr junge Menschen zugrunde richtet – durch Drogenkonsum, Gewalt oder Prostitution.

Don Bosco hat vorgelebt, wie Kindern und Jugendlichen aus tiefster Not geholfen werden kann und wie sie gleichzeitig zu wertvollen Mitgliedern der Gesellschaft werden. Nach seinem Grundsatz »Bildung überwindet Armut« wird in den weltweit rund 3.400 Don Bosco Zentren dafür gearbeitet, dass benachteiligte Kinder und Jugendliche eine echte Chance erhalten. Wo wir diese Arbeit unterstützen können, sollten wir es tun.

Josef Mitschan, Sept. 2003

»Helfen, damit das Leben junger Menschen gelingt!«

Zur Förderung der internationalen Jugendhilfe im Geiste Don Boscos arbeiten in Deutschland und Österreich Vereine, die weltweit Projekte der Salesianer Don Boscos unterstützen. Darunter sind Straßenkinderprogramme ebenso zu finden wie Berufsausbildungszentren, Schulen, Kinder- und Jugendwohnheime, offene Jugendzentren u. a. Diese Arbeit ist begleitet von Öffentlichkeitsarbeit und Bewusstseinsbildung. Sie versteht sich als Beitrag zur Entwicklungszusammenarbeit mit dem Schwerpunkt auf nachhaltiger Armutsbekämpfung..

Das Internationale Salesianische Volontariat ermöglicht es jungen Christen, ein Zeichen der Solidarität mit den benachteiligten Kindern und Jugendlichen in aller Welt zu setzen. InteressentInnen ab 18 Jahren erhalten nach einem Auswahlverfahren Vor- und Nachbereitung zu einem mindestens zwölfmonatigen Einsatz in Don Bosco Einrichtungen in Afrika, Asien, Lateinamerika oder Osteuropa.

Wenn Sie ein Don Bosco Projekt finanziell unterstützen möchten oder sich für einen Freiwilligeneinsatz interessieren, schreiben Sie uns bitte:

In Deutschland:
Jugend Dritte Welt e.V.
Sträßchensweg 3
53113 Bonn
Tel. 0228 539 65-45
FAX 0228 539 65-66
E-mail: info@jugenddrittewelt.de
www.jugenddrittewelt.de
Spendenkonto Nr. 870 005
Sparda Bank (BLZ 370 605 90)

DON BOSCO

In Österreich:
Jugend Eine Welt
St. Veit Gasse 25
1130 Wien
Tel. 01 878 39-531
FAX 01 87839-515
E-mail: info@jugendeinewelt.at
www.jugendeinewelt.at
Spendenkonto Nr. 92 083 767
PSK (BLZ 60000)